讲文明树新风 公益广告

中国精神 中国文化

中国形象 中国表达

冬天是在孕育 春天

中国网络电视台制 哈尔滨阿城 李凡丁作

哈尔滨市未成年人思想道德建设系列丛书

美在哈尔滨

中共哈尔滨市委宣传部
哈 尔 滨 市 文 明 办
哈 尔 滨 市 教 育 局
哈尔滨市教育研究院 编

哈爾濱工業大學出版社
HARBIN INSTITUTE OF TECHNOLOGY PRESS

图书在版编目(CIP)数据

美在哈尔滨/哈尔滨市教育研究院编.—哈尔滨：哈尔滨工业大学出版社，2013.8

(哈尔滨市未成年人思想道德建设系列丛书)

ISBN 978-7-5603-4208-5

Ⅰ.①美… Ⅱ.①哈… Ⅲ.①哈尔滨市-概况-青年读物②哈尔滨市-概况-少年读物 Ⅳ.①K923.51-49

中国版本图书馆 CIP 数据核字(2013)第 183222 号

策划编辑 李艳文 甄淼淼

责任编辑 甄淼淼 陈 洁 张鸿岩

出版发行 哈尔滨工业大学出版社

社　　址 哈尔滨市南岗区复华四道街 10 号 邮编 150006

传　　真 0451-86414749

网　　址 http://hitpress.hit.edu.cn

印　　刷 哈尔滨市工大节能印刷厂

开　　本 787mm×1092mm 1/16 印张 11.25 插页 2 字数 151 千字

版　　次 2013 年 8 月第 1 版 2013 年 8 月第 1 次印刷

书　　号 ISBN 978-7-5603-4208-5

定　　价 29.80 元

编委会名单

序言 XU YAN

大美龙江，首美在哈尔滨。《美在哈尔滨》致力于从美学和哲学的角度挖掘和解读哈尔滨城市之美，让学生和广大读者深切感受到哈尔滨的城市之美。本书具体从四个维度，即美在自然、美在生活、美在文化和美在精神，挖掘和阐述了哈尔滨之美。美在哈尔滨，自然之美是基础。“美在自然”重点介绍了山川之美，如凤凰山的奇绝景致，万顷松江湿地的清波碧草，还有别样的园林伏尔加庄园，并浓墨重彩地介绍了亚布力滑雪场等壮美的北国风光。“美在生活”分别从美“食”每刻、“衣”酷到底、畅快出行和安居乐业四部分描绘了哈尔滨人的美好生活。“美在文化”部分多元化地呈现了哈尔滨独特的文化禀赋和深厚的文化底蕴。“美在精神”侧重阐述了哈尔滨城市发展进程中凝聚的哈尔滨城市精神之美和人文情怀。

本书立足导行，凸显体验。一个基本理念就是在引导学生领略哈尔滨之美的同时潜移默化地使情感和行为有所改变。通过丰富、精当的体验活动设计，如德育实践活动、生活体验活动，或者是摄影、写生、运动等简单的户外活动，增强学生对美好事物的感知、理解和认同，激发学生对真善美的追求，生成和谐道德情感，塑造健全人格，提升道德境界，激发热爱家乡的美好情感，乐于做亲近社会的人，积极参加社会公益活动，关心国家大事，关注社会发展，立志服务社会、奉献社会，共同创建美丽哈尔滨，做文明哈尔滨人。

本书以画册形式呈现，富有强烈的视觉冲击力、感染力和亲切感，让学生更加直观地感受到哈尔滨的种种美好。在对各部分内容进行概述之后，都要选取哈尔滨的传统的、经典的、亲切的、怀旧的、浪漫的、唯美的、值得品味的精美照片，印证和呈现哈尔滨之美。

本书编写遵循尊重历史、传承文明的原则，积极发现历史遗存的美好事物，以及可歌可泣的人物和事件，弘扬哈尔滨一脉相承的文明。同时力求准确、自然地描绘哈尔滨市当下经济社会真实发展状况和人们生活状态。本书创作灵活适用，整体划分为四个篇章，每个篇章根据实际需要选择不同角度和内容，有长有短、有多有少进行阐述，给学生留有较多的思考和想象空间。注重学生的长远发展和全面发展，设计丰富的体验活动，增强学生的自主体验，有利于培养创新精神和实践能力。

创建和维护美丽、文明的哈尔滨，对于学生来说是一种目标，一种愿景，一种担当，一种义务，一种实践，一种精神。开展建设美丽、文明哈尔滨为主题的学习活动，对于学生发展和完善这种精神品质，践行这种责任和义务，实现这种目标和愿景，价值巨大，影响深远。

编委会

2013 年 7 月

目录 MU LU

第一篇 美在自然

山连山，水连水，山水相连碧云天；游园林，赏丁香，松江湿地做长廊。春沐清风爽，夏无炙阳艳，秋踏落叶黄，冬揽冰雪凉。

哈尔滨的山水浑然天成，不需雕琢。得天独厚的自然资源和粗犷豪迈的北国民风交相辉映，构成一幅绝美的山水画卷，等待着我们去细细地翻阅和品味。同学们，一起去领略大自然呈现给我们的美好吧！让自然的鬼斧神工震慑我们的心灵！让四时佳景，为我们的生活涂抹浓墨重彩！

山的呼唤

登高，临风，远眺！酣畅，淋漓，豪迈！

你看，春花装点了林间小路，秋叶粉饰了遍山旖旎！如果你的心情不好，登山吧！到大自然中历练你的心智，或许你会豁然开朗。如果你的心情很好，登山吧！对着苍山直抒胸臆，传递你的正能量，激扬起你的靓丽青春！

凤凰山 因风景秀美一直被人称为东北地区最大的“空中天然花园”，集大森林、大冰雪、大峡谷、大瀑布、高山湿地、空中花园和神奇的“UFO”传说于一体。让我们深入其中，感受凤凰山之神韵吧！

陡沟子大峡谷位于南凤凰山东部，海拔高度为800~1 400米，最窄处约20米，两侧山势连绵起伏，山峰峥嵘峻峭，谷内林木郁郁葱葱，鸟鸣虫叫水泻，飞流迭翠，巨树成桥，天升一线，峰生万态，奇松怪石组成了陡沟子大峡谷。

通往山顶的路一直有泉水相伴。这泉水为雄伟的凤凰山增加了几分灵气，它的一黑一白两条溪水更加突显与众不同。远远地听见水流动的声音，寻声而上，看见涓涓清澈的山泉水沿山势流淌下来。

坐落在海拔1 690米的空中花园，占地10万平方米，为拉林河上游源头之一。独特的气候条件和自然环境造就了山中千姿百态的景观——高山湿地、高山偃松、高山杜鹃、高山石海、高山稻田、高山奇桦、高山稀药、高山地毯、高山崖柳和高山动植物园。

高山湿地位于凤凰山顶，海拔全部在1 600米以上，漫漫500~600公顷，被誉为“大山之肾”，遍布千年苔藓类植物织成的“地毯”。

高山偃松在凤凰山东侧，仅一处便有数十公顷，纵横交错，蔚为壮观。

高山杜鹃处在偃松群落之间，与苔藓相伴而生，为特种牛皮杜鹃。

高山石海居于高山花园一侧，数百米方圆，光石裸露，上有石块垒起的小塔。

高山稻田缀于凤凰山和老爷岭之间，硕大一片池田内，长满类似稻秧的植物，人们形象地称之为“高山稻田”。

高山奇桦广布在凤凰山山顶四周，如梅似蛇，千姿百态，韵趣天成。

高山稀药主要是高山红景天，生长于海拔 1 600 米以上的块石表层土壤中，具有抗疲劳、防幅射、延缓衰老之功效，属高山珍稀药材。

高山动植物园内共有植物 150 类 1 400 多种，脊椎动物 309 种。有52 种国家重点保护动植物，其中重点保护的国家一、二类野生植物 12 种，野生动物 40 种，是黑龙江省物种最丰富、保存最为完好的地区。

同学们，高山奇景带给我们的不仅仅是视觉享受和心灵震撼，还应该引发我们保护生态环境的责任意识，积极参与到维护生态平衡的行动中来，让自然之美永续长存。

二龙山　位于宾县境内。一湖碧水，三面环山，自然风光，美不胜收。有二龙戏珠、长龙卧波、碧波唱晚、宝岛飞虹、湖面飞鱼等景致。

金龙山　提起金龙山来，好多同学会发蒙。“这座山在哪儿呢？”其实就是阿城区横头山，如今更名为金龙山。金龙山如同重塑金身，金光洒满大地，熠熠生辉，普照昔日黛色的金源故地，涅槃为今日的龙脉。

金龙山地质地貌属于“喷出岩”和“侵入岩”二者兼而有之的山体，全省仅此一家。这种地貌形成于2亿~3亿年前的火山喷发。金龙山生态系统非常丰富，林相和景观很好，不仅有黄菠萝、紫椴、红松、白牛槭树等珍贵树种，而且有罕见的湿地、古树、野生动物，体现了物种多样性。这里的森林价值极高！离哈尔滨这个大城市这么近，能够保存下来未被采伐，是名副其实的原始林，别说在哈尔滨是个宝贝，在全国也罕见。

十月，漫山红遍，层林尽染，

“停车坐爱枫林晚，霜叶红于二月花。”置身其间，怎能不想起这千古佳句？

同学们，让我们学会去欣赏这大自然带给我们的天然之美，我们不但要用眼睛去看，更要学会用心去赏鉴。

铧子山　位于通河县境内，因形似犁铧而得名。这里林木葱茏，溪水清澈，空气清新，保持着良好的自然生态环境。铧子山登山线路为木制栈道和石头台阶，由大铧子上山，从二铧子下山。沿途可欣赏到瀑布、官印石、驮经白马、自然博物馆、700 年大青杨、诗林、卧佛等景观。

松峰山　位于阿城区山河镇，因其山多古松而称之为松峰山，由主峰烟筒峰和形态各异的群峰组成。

松峰山是久负盛名的道教胜地。海云观和藏经楼记录了悠久的道教历史文化。

同学们，松峰山带给我们的不仅是自然奇观和生态文明，还能让我们回顾历史和感受人文，这就是松峰山的魅力。

香炉山　位于宾县的南端，是张广才岭的余脉。以山岳、森林、水体和冰雪等自然景观为主体，至今保持着原始生态，是一座引人入胜的四季山，风景独秀，优雅清静，是距哈尔滨最近的天然

森林氧吧。

长寿山　坐落于延寿县城东南张广才岭西麓。长寿山景区有石林和石海两个游览区。石林地貌属中生代时期地质结构，大约生成于2亿年前，是珍贵的地质遗迹景观。石海同属中生代地貌，是第四纪冰缘运动的遗迹。第四纪以来，多次出现冷期，处于冰缘环境。地表岩体经冻融、冻裂、风化，形成了石海地貌，俗称“跳石塘”。石林石海的奇峰怪石在参天古树和浪漫山花的映衬下尽显大自然的奇妙。

狒狒石，说其是石，不如说是山。它是一座独立的山峰，形态非常像一只可爱的大狒狒，活灵活现，非常逼真。狒狒石下面有一处天然形成的石洞，可供人们遮风避雨，形成狒狒观天一大奇观。

体验活动

一、挖野菜

明媚的春日里，跟随家人，再约上几个同学，前往野外山坡、林间或是田间地头，体验一下挖野菜的快乐！

认识几种山野菜：

蕨菜　又叫拳头菜、猫爪、龙头菜，喜生于浅山区向阳地块，多分布于稀疏针阔混交林。其食用部分是未展开的幼嫩叶芽。蕨菜洗前经沸

水烫后，再浸入凉水中除去异味，便可食用。可以炒吃，可以凉拌，也可以加工成干菜或腌渍成罐头等。

婆婆丁　又名蒲公英，它的花粉含有维生素、亚油酸，枝叶中含有胆碱、氨基酸和微量元素。婆婆丁浸泡过后生吃、炒食或做汤都可以，可拌海蜇皮、炒肉丝，还能配着绿茶、甘草、蜂蜜等，调成一杯能够清热解毒、消肿的婆婆丁绿茶。

小根蒜　茎叶长得很像蒜，有葱、蒜的味道。可以开胸散结，行气导滞，治疗痢疾以及抑制高血脂病人血液中过氧化酯的升高，防止动脉粥样硬化。主要吃法有小根蒜拌豆腐，或熬点小根蒜白木耳粥。

黄花菜　是一种多年生草本植物的花蕾。味鲜质嫩，营养丰富，含有丰富的花粉、糖、蛋白质、维生素 C、钙、脂肪、胡萝卜素、氨基酸等人体所必需的养分，其所含的胡萝卜素甚至是西红柿的几倍。

刺老芽　又称刺嫩芽、龙牙楤木。生于林缘、灌丛、林中空地，营养丰富。春季采嫩芽、嫩叶，用沸水焯一下，换清水浸泡 2 小时，炒食、凉拌、蘸酱和裹面糊油炸均可。

柳蒿芽　别名柳蒿菜、水蒿和白蒿等，为菊科多年生草本植物，其嫩茎叶可食用。野外采集一般在 5~6 月份进行，采后用水

焯一下，去掉苦味即可炒食、蘸酱或做馅、做汤。

挖野菜的携带工具：小铲、手套、竹筐。

野菜食用提示：不认识的野菜不要采集和食用。要注意卫生和食用安全，很多山野菜有微毒，不经浸泡，食用后会感觉周身不适，这类野菜在煮食前，务必要在清水里浸泡2小时以上进行解毒处理。

二、摘野果

听着都要流口水了吧？跃跃欲试吧？其实，我们真的有机会去摘野果。哈尔滨的秋天，绝对是丰收的季节，处处绽放着缤纷的色彩，蕴含着无尽的神奇，一定要去看看啊！

先让大家认识几种常见野果：

山里红 比现在人们经常吃的山楂要小一圈，熟透的山里红十分柔软，味道甜酸，绝对比山楂味道好。同学们看看，山里红枝头挂满了红红的果实，一簇簇的，多么喜庆，多么让人神往！

山葡萄 又名野葡萄，生于山野、山坡、山沟和林下灌木丛中。藤长可达15米以上，藤匍匐或攀爬于其他树木上。果期8~9月份，酿酒佳品啊！

马林果 学名树莓，又名覆盆子。马林果属于珍贵的稀有浆果，该果高糖、低酸，富含蛋白质、有机酸、果胶、矿物质、维生素。果香浓郁、甘美。曾经是很多见的，现在？唉！不过现在种植的很多！

山丁子　学名山荆子，果近球形，红色或黄色，8~9 月份成熟。山丁子属落叶乔木，树姿优美，花繁叶茂，是优良的观赏树种，所以哈尔滨市区也能见到。

除了上述几种常见野果，还有狗枣子啊，山核桃啊，山榛子啊，臭李子啊，太多了，不多说了，自己进山里去寻找吧！这可都是老师童年的美好回忆啊！一定注意不要攀折树枝和藤蔓哦！

三、登山揽胜

哈尔滨有很多集“雄、险、幽、奇、秀”于一身的山。好些地方都要手脚并用，攀爬而行，绝对是爬山的好去处！“踏破青山人未老，风景这边独好”。同学们，让我们一起去登山吧！

登山注意事项：

1.登山时要有老师或家长带领，集体行动。

2.登山的地点应该慎重选择。要了解清楚当地的地理环境和天气变化情况，选择一条安全的登山路线，并做好标记，防止迷路。

3.备好运动鞋、绳索、食物和水。在夏季，一定要带足水，因为登山会出汗，如果不补充足够的水分，容易发生虚脱、中暑。

4. 随身携带急救药品，如云南白药、止血绷带等，以便在发生摔伤、碰伤和扭伤时派上用场。

5.登山时间最好选择早晨或上午，午后应该下山返回驻地。不要擅自改变登山路线和时间。

6.背包不要手提，要背在双肩，以便于双手抓攀。还可以用结实的长棍作手杖，帮助攀登。

7.千万不要在危险的崖边照相，以防发生意外。

四、依兰怪坡体验

你想体验一下“上坡轻松、下坡费劲”的奇妙感觉吗？你想目睹一下“车往坡上滑、水往高处流”的奇异景观吗？有幸，你可以去依兰县“怪坡”上“潇洒走一回”，看看大自然的神奇造化。在“怪坡”上，越是质量大的物体，越是容易发生自行上坡的奇异现象。如此“怪坡”效应，自然使游客、探险家和科学工作者产生了浓厚的兴趣，先后提出了“重力异常”“磁场效应”“四维交错”……各种解释，众说纷纭。你的答案呢？

水韵长天

哈尔滨境内水资源丰富，有松花江、呼兰河、阿什河、拉林河和太平湖等众多大小河流湖泊。近年来，哈尔滨市充分挖掘水资源潜力，大力做好水生态大文章，在国内率先提出了“以水定城”的理念，整合原有水渠，建设“两纵、四横、十八湖”相互连通的水网；采取退耕还湿、人工植被恢复等措施打造“近自然”的河流湿地型生态长廊；采取开源节流、保护水质和治理水患等措施让更多的鸟类和其他动物在“寒地水乡”安居，积极打造“松江湿地、北国水城”，整体带动生态环境的好

转，为人们提供了优美、舒适的生态人居环境。

松花江

松花江，江水清，夜来雨过春涛声，浪花叠锦绣縠明。采帆画鹢随风轻，箫韶小奏中流鸣，苍岩翠壁两岸横。浮云耀日何晶晶？乘流直下蛟龙惊，连樯接舰屯江城。貔貅健甲皆锐精，旌旄映水翻朱缨，我来问俗非观兵。松花江，江水清，浩浩瀚瀚冲波行，云霞万里开澄泓。

——松花江 放船歌（爱新觉罗·玄烨）

松花江 女真语“松啊察里乌拉”，汉译“天河”，有南北两源，正源为长白山天池，河长和水资源总量均位居中国第三。流域内山岭重叠，满布原始森林。

春日里，夕阳暖暖地把金辉洒到江面上，江面泛起粼粼微波，几只江鸥在江上翩翩起舞，岸上正在努力发芽的老榆树在春风里摇曳着。你不觉得这样的春天真的很美吗？

夏季的松花江，两岸青葱郁茂，倒映着蓝天白云分外妖娆！

秋到松花江，江水碧澈，两岸落叶纷纷，层林尽染，黄绿交融，绘满了秋的成熟、秋的韵味！

冬天的松花江，银装素裹，没有了往日波涛汹涌的江水，留给你的是满眼的洁白。偶然会有雾凇奇妙景致惊艳地呈现在眼前，很是让外地游

客尖叫一番。在冰封的江面上还有好多运动和娱乐项目，很吸引人哦！

万顷松江湿地　百里生态长廊

一条大江横贯东西，万顷湿地静卧城中。大美松江湿地，不仅提升城市魅力形象，也成为“冰城夏都”重要的旅游资源。

呼兰河口湿地　是松花江沿岸保存较完整、面积较大的沼泽湿地，也是目前全国面积最大的城市湿地。呼兰河湿地拥有丰富的生物资源，其中包括胡桃楸、野大豆等国家一、二级重点保护种类30种，还有鸟类多达25种，如大天鹅、白鹤和鸳鸯等。

滨江湿地　位于道外区民主乡，从九站码头乘游艇或公路乘车都可前往。湿地全是水面，中间几个小岛有栈道相连。当然，坐游艇欣赏更惬意，水面上漂荡着菱叶，只要用手一捞就能带出菱角。湖面上不时有野鸭随波逐流。湿地离城市并不遥远，但却一下子远离了城市的喧嚣。

白鱼泡湿地　位于道外区巨源镇。泡内呈现湿地地貌，常年积水，丰水期水深可达3米，水源除夏季雨水汇集外，区域内有自喷式泉眼，冬季不冻。泡内植物资源丰富，有芦苇、荷花、香蒲和水稻等，同时栖息着野鸭和各种鸟类，水中曾盛产白鱼，白鱼泡因

此而得名。

金河湾湿地公园　位于松花江北岸松北区江湾路一带。金河湾湿地公园呈现六大景区：一岛（如意岛）、二滩（金沙滩和银沙滩）、三岗（桑树岗、山荆子岗和山里红岗）、四园（百草园、百花园、百果园和百态园）、五池（五小连池）、六洲（白鹭洲、江鸥洲、野鸭洲、鸳鸯洲、大雁洲和天鹅洲）。尤其是六洲，成群江鸥、野鸭在洲上栖息，园区的路面上不时有野鸡从花丛中钻出。

太阳岛湿地　拥有"一湖三岛"，是利用人工手段，在松花江哈尔滨段内恢复的面积最大的河漫滩湿地和生态廊道。湿地内生态环境优良，四时佳景魅力独特，碧水、蓝天、白沙和湿地草原自然风貌在全国的沿江城市中也是佼佼者。

伏尔加庄园阿什河湿地　是松花江支流阿什河流经哈尔滨市郊形

成的一片湿地。湿地的美景有田园风格，具有人与自然和谐之美。幽幽的伏尔加庄园湿地让美丽的哈尔滨明眸善睐，秋波流转，湖光潋滟。

太平湖 360 个泉眼集成的 247 公顷的太平湖碧波荡漾，湖中盛产的野生无污染的鱼虾闻名遐尔。每逢盛夏之际，太平湖周边湿地，栖息着大群的天鹅、白鹭、野鸡等。湖南岸 230 公顷原始草原曾是金兀术的牧马场，湖北岸有 127 公顷土地，森林茂密，绿草如茵，风景如画。

方正莲花湖 位于方正县境内。春夏的莲花湖荷花清秀，绿柳成荫，紫燕呢喃，别有情趣。清晨，莲花初绽时，伴着红日初升，湖水清流、莲叶碧绿、莲花似火，空气中透出阵阵清香，真是难以言传的曼妙。晚风中踏月赏莲，融融的月光下，伴着蛙鸣摇曳的莲花更显妩媚动人。

通河二龙潭　是松花江沿岸最大的内陆水面，坐落在通河县东部，水域面积1.8万亩。水面烟波浩渺，一望无际，岸边有大面积的绿色湿地，栖息着20多种珍禽。水域年产鲤、鲫鱼达50万斤，是通河县最大的水产养殖基地。来此游湖，捞鱼野餐，犹如到了江南水乡。

延寿长寿湖　位于延寿县城东南，自然景观引人入胜。青山环抱碧水如蓝，画舫轻荡波光粼粼，犹如一块翡翠玉石镶嵌在群山之中，上映日月星辰，内育鱼虾蚌珠，灵动至极，遐想无限。湖边南侧山崖刻有高38米的天下第一大“寿”字，气势恢宏，巍峨壮观。

磨盘山水库　位于拉林河干流上游五常市沙河子镇，比邻凤凰山国家森林公园。层峦的群山，翠绿的森林，绚烂的山花，映衬着碧波荡漾的湖水。湖光山色，相映成辉，使磨盘山水库散发着恬静、清新的气息，如同一轮初升的明月，光华纯洁。磨盘山水库是哈尔滨市的第二水源地，水源地上游没有工业污染，在全国应用水源地中十分少有。希望我们每个人都珍惜这样优质的水源，文明用水，节约用水。

体验活动

一、“绿脚丫”徒步行

“从没有一种力量，脚步如此铿锵”。在每年迷人的初夏时节，松花江畔都会迎来数万名的市民为徒步运动集结，绵延的队伍龙游神往。

亲爱的同学们，徒步能很好地锻炼我们的体魄和培养坚强的意志品质。不要犹豫，让我们一起出发吧！

下面给大家推荐两个沿江徒步路线：

1.青年宫—江畔路—松浦大桥—环狗岛徒步一圈—青年宫，全程约 14 公里。

2.哈尔滨市人民广场—九站公园—公路大桥—太阳岛 7 号门入口—太阳岛环岛路—月亮桥（月亮湾出口）—公路大桥—九站公园—哈尔滨市人民广场，全程约 20 公里。

二、激情漂流

漂流，曾是人类一种原始的涉水方式。如今，漂流已成为一项户外运动。乘着橡皮艇顺流而下，天高水长，阳光普照，迎面而来的是一种期待——刺激！惊险！与自然的搏斗！哈尔滨境内依兰巴兰河漂流、方正响水河林泉漂流都是非常值得期待的。

漂流注意事项：

1.上船前要仔细阅读漂流须知，听从工作人员的安排，穿好救生衣。

2. 在漂流过程中未经许可不得离艇下水。

3.漂流船通过险滩时不要随便乱动，应抓紧安全绳，双脚缩紧，身体向船体中央倾斜。

4.若遇翻船落水，不要慌张，要沉着冷静，因为您穿有救生衣，积极配合他人的救护措施，重新上船继续漂流。

其实，人生也像是一次充满激情和挑战的漂流之旅。对于每个人来说，虽然谁都不可预知前面将面对怎样的跌宕起伏，但只要你有足够的信心、勇气、胆略和智慧，有良好的沟通、协作、互动能力，就一定能掌控好自己的人生之舟，在激情冲浪中引领着自己不断向前……

别样园林

走遍哈尔滨之山水，我们曾有过山顶的欢呼雀跃，也曾有过林间水岸的安静恬淡，那是一种亲近自然之境的亲昵与了然！在哈尔滨的市区、近郊，还有很多融自然风光和文化娱乐为一体的园式风光。那里的自然景色因为加入了人文元素，又给人一种温馨、喜悦的美好感受。同学们，陪同你的家人，或者约上三五个伙伴，去那里走一走，看一看，为自己构筑一个心灵的"避暑山庄"。

我们来到了太阳岛上　"明媚的夏日里，天空多么晴朗，美丽的太阳岛多么令人神往……"随着一曲《太阳岛上》的流传，风光秀丽的太阳岛，名扬天下。太阳岛利用独一无二的欧陆风情和浓重的本土文化打造了其独特的风景亮色，也注入了深层的文化内涵。

太阳岛与附近诸岛和沙洲组成了太阳岛风景区。区域内建有太阳山、荷花湖、水阁云天、丁香园、天鹅湖、鹿苑、松鼠岛、沿江风景线和长堤垂柳等数十处特色景观，构成了山湖相映、清泉飞

瀑、亭桥映柳、荷香鱼跃的美丽景色，给人们增添了无限遐思。

太阳岛的文化内涵定位在欧陆风情、冰雪文化和北方特色上，借全市文化之精华建成了“五馆一镇一厅三园”。五馆即别具欧陆风情的俄罗斯艺术馆和俄罗斯画家村；洋溢着浓郁黑土风情和北方特色的北方民艺精品馆；具有地域特征和冰雪文化代表的于志学冰雪艺术馆；集本土书画艺术、北大荒版画艺术、黑土地文学艺术于一体的太阳岛艺术馆；还有堪称我国首家融冰雪历史收藏馆、冰雪文物陈列馆、冰雪文化交流馆和冰雪知识科普馆于一体的冰雪文化展览馆。

一镇是指俄罗斯风情小镇。

一厅是体现欧陆风情的俄罗斯皇家剧院和演艺大厅。

三园分别是雪雕园、东北抗联纪念园和于庆成雕塑园。

太阳岛太阳石，相传太阳石为太上老君炼丹时遗落的仙丹，原位于阿什河边西泉眼风景区内。发现它的地方，正是当年金太祖完颜阿骨打逐鹿中原时“画灰而议”的地方。而且这块石头非常有灵性，在它没有被运到这里之前，当地的老百姓以其观天象，便可知阴晴冷暖。据说在傍晚时分，如果石头色泽光亮，第二天则晴；石头色泽晦暗，第二天则阴；如果石头挂水珠，第二天则雨；如果挂霜，第二天则雪。

在太阳石后面，便是由中俄设计师联合设计的太阳岛大门“太阳之门”。太阳之门的创意主题为“太阳的窗口”，也就是说，透过大门能看到日出和日落。

同学们，关于太阳岛的故事有很多，如果你感兴趣，不妨去搜集一下，美丽的太阳岛一定会带给你更多的快乐体验，更多的骄傲与惊喜！

恋上伏尔加庄园 “庄园画里听钟声，推窗忆情俄罗斯”。这是伏尔加庄园美轮美奂的风景即将带给你的浪漫意境。伏尔加庄园坐落于香坊区成高子镇阿什河畔，庄园内风景秀丽，有大片的园林和滩涂湿地。蜿蜒曲折的阿什河流过庄园，水连水、桥连桥，一派优美的田园风光。这里按 1:1 的比例复建的圣·尼古拉教堂作为建筑艺术馆，成为伏尔加庄园的标志性建筑。

在复建的“米尼阿久尔”餐厅，你可以品尝俄罗斯美味，欣赏俄罗斯人表演的原汁原味的俄罗斯歌舞。整个庄园建设了 30 多座经典的俄式建筑，形成世界上独一无二的建筑群。

同学们，当你漫步于河边，看着那清幽的河水，感受微风拂面，时有飘然出尘之感，在你眼前缓缓展示出一脉旖旎的异国风光。同时，在伏尔加庄园里，你能感觉到水和园林、水和建筑的完美结合。或许这时，我们可以静静地坐下，让探求的思维停滞一会儿，只是看着这如画般的美景，心无旁骛。

东北虎林园 位于松花江北岸，与太阳岛风景区仅一水之隔，是出于挽救和保护世界濒危物种东北虎而建立的园林，目前是世界上最大的东北虎野生自然园林。

东北虎又称西伯利亚虎，分布于亚洲东北部，即俄罗斯西伯利亚地区、朝鲜和中国东北地区。东北虎是现存体重最大的猫科动物，其中雄性体长可达 3 米，尾长约 1 米，体重达到 350 公斤，夏毛呈棕黄色，冬毛呈淡黄色。背部和体侧具有多条横列黑色窄条纹，通常两条靠近呈柳叶状。头大而圆，前额上的数条黑色横纹，中间常被串通，极似“王”字，故有“丛林之王”之美称。

东北虎作为国际上最著名的濒危物种，被列入濒危野生动植物种国际贸易公约(CITES)附录，属中国Ⅰ级保护动物。

为了对濒危的东北虎进行更好的保护和更进一步的科学研究，1996 年成立了东北虎林园，并通过开发利用东北虎的旅游观赏价值，用“以虎养虎”的方式，来支持和保护科研与野化训练工作。通过野化训练、自然放养，东北虎林园逐步形成了自己的独特风格。你可以乘坐特制的旅游车穿行于虎群之间，甚至可以亲眼目睹群虎捕杀猎物的惊心动魄的场面。如今，东北虎林园拥有各种不同年龄的纯种东北虎 1 000 余只，是真正的“千虎之园”。

同学们，你们知道吗？东北虎在冬天最兴奋，恰恰到夏天最懒散。因此，东北虎林园尤以冬夏两季最具观赏魅力。如果天公作美，冬天可见罕有的“霜虎奇观”！

哈尔滨国家森林公园 原名黑龙江省森林植物园，是我国最具代表性的东北寒温带植物园，也是我国唯一一处在省会城市中的森林公园。

园内建有12 000平方米水面的园中湖景区，具有欧式建筑风格的48米高的青云塔高入云端，气势磅礴的喷泉瀑布、绿荫环抱的万寿山、10 000平方米的生态休闲广场，以及九龙壁、龙凤四喜娃娃、福禄寿喜钟、观景亭等形态各异的雕塑景观小品，尽显人文典雅。

园内还建有风格各异的树木标本园、药用植物园、郁金香园、珍稀濒危植物园、秋叶冬景园、百花园、观果园、蔷薇园、杨柳园等13处植物专类园。

同学们，这里被誉为大兴安岭、小兴安岭、长白山植被的橱窗和缩影，你可以在园内观赏到景色奇异的寒温带植物，还可以一一鉴赏园内松属、柳属、槭树属、绣线菊属、忍冬属、人参属等114个科200多个属的森林家族如何在这里济济一堂。更可以感受到灌木、乔木、花木、草本植物、藤本植物、落叶的、常绿的，形成统一和谐的森林旋律。

北大荒现代农业园　在优美的环境中放松，休闲会带给人一种舒适的惬意，于是，回归田野、自然的观光农业就成为人们最好的选择。来到这里，你可以感受吃农家饭、住农家屋、做农家活、看农家景的自然、舒适和恬静的惬意。

说不定，你还会有很多意想不到的体验。比如说，你一定认为我们吃的蔬菜都是长在土里，种在地里。可是，在农业园里，你会发现一些我们常见的芹菜、生菜等，它们不是种植在地里，也没栽在土里，而是在类似水管的地方进行一种空中种植，即无土栽培。在农业园区的菜艺园、南果园里，蔬菜、水果成了艺术品，栽在墙上的，挂在空中的，雕成艺术品的……使这里的四季都像春天。温室里栽培，大棚里孕育，使这里的四季又都像秋天，各种花果、蔬菜交替着硕果累累。

如果你也想在家里开辟一块属于自己的小农场，那就快拿起你的纸和笔，来这里探秘吧！相信你一定可以找到一种合适的种植方法！也感受硕果累累的喜悦！

古梨园　“东风夜放花千树，俏

在丛深一笑中。”幽深的梨花芳香，沁人心肺，置身于梨园春景，一望无际的玉树银花，是一片冰清玉洁的世界，让你仿佛到了亦真亦幻的人间仙境，这就是位于道外区的哈尔滨市古梨园。

园中，有一株珍稀的野梨树，据传为1920年张作霖担任东三省巡阅时到中东路护路军巡阅时所栽。树龄已有110多年，胸径达70厘米，冠盖面积300余平方米，远望犹如一把撑开的巨型绿伞，春暖花开之季又恰似银装素裹的一座雪山。该树于1994年被评定为我市第51号古树名木，在全市具有很高的知名度。

西岗公园　位于呼兰公园路西端的高岗处，建于1916年，距今已有近百年的历史。东门为正门，面对着大街。门前有一座雕刻精细的三门木牌坊，牌坊正中的门楣上镌刻着隶书体“西岗公园”四个大字。

公园景区北侧的四望亭是1927年由当时的县知事路克尊主持，聘请了著名匠人“严鲁班”等人修建的。建筑特点为八角形，攒尖顶，双重翅角飞檐。梁坊斗拱饰以精雕彩绘，楹柱红绿生辉，雍容华贵，是一座体现清代风格的园林亭子。

公园深处的衣冠冢被12株古老高大

的榆树环抱，墓中安放着端木蕻良捐赠的他珍藏多年萧红的一缕青丝，仿佛在诉说这个柔弱女子短暂而又永恒的生命！

公园内，有一株被上海大世界吉尼斯总部正式认定的国内存活时间最长的人工栽培仙人掌，年龄117岁。它的根基部分成两支主干，互相盘绕，竞相攀援，犹如一对恩爱夫妻，故又称“夫妻仙人掌”。目前，它所居住的“新房”高18米，总建设面积达730平方米。建筑顶部采用全新钢化玻璃，向着阳光的方向呈斜面状，可四面采光，既吸光又保暖，以确保百年仙人掌在自然的光线和环境中健康成长。

体验活动

一、摄影之旅

法国著名雕塑家奥古斯特·罗丹曾说过这样一句话：“生活中从不缺少美，而是缺少发现美的眼睛。”这里，还想告诉各位同学，如何拥有一双发现美的眼睛？那就是，需要你拥有一颗感恩之心。感谢冷暖交替，才有了四季之美；感谢昼夜更迭，才有了晨昏之美；小草感谢阳光，才有了菁菁之美；鲜花感谢雨露，才有了艳丽之美。只要心怀一颗感恩自然之心，你定会发现更多的美。

所以，让我们心怀感恩自然之心，一起去发现美。按下快门，一起在四季里、晨昏里，在大自然的五彩斑斓里为你喜欢的园林自然之美做一次摄影之旅，做一次美图鉴赏吧！

那时花开

郁金香是春季球根花卉，全世界拥有八千多个品种，它色彩艳丽，变化多端，以红、黄、紫色最受人们欢迎。

郁金香
摄于哈尔滨森林公园

当然我们还可以做关于树、果实、虫、鸟等摄影图赏、文章图赏！

二、采摘体验

享受过挖野菜、摘野果的质朴情怀，你想不想感受一下田间采摘瓜果的乐趣呢？在冰天雪地中看热带水果的生长、春寒料峭时看桃花的绽放，很神往吧？一起来吧，各种采摘园会让你畅游在花果的海洋中，体验亲近自然的快乐，收获采摘的喜悦。

采摘好去处：

1.北大荒现代农业园

在北大荒现代农业园采摘园，你可以观看蔬菜大棚，了解蔬菜生长知识，采摘新鲜有机蔬菜，并尝尝自然生长的蔬菜的味道。还能领略南国园、名花园、菜艺园等生态田园的美丽风景。同学们可以现场考察现代化的农业种植模式、现代农业园里对太阳能和高科技的运用，走进一个现代化的农业大棚，感叹现代农业的发展速度。

2.哈尔滨北大荒有机草莓园
3.哈尔滨万宝葡萄园
4.长岭湖农夫乐园

山舞银蛇

哈尔滨，中国最北端的省会，是那么的神秘而遥远。一直留给人们的印象都是天寒地冻，漫天飘雪。然而，现在人们却都说哈尔滨的冬天激情澎湃。每到冬季，四面八方的冰雪爱好者就会齐聚冰城，享受着冰雪给大家带来的乐趣。同学们，你们是不是也迫不及待地想走进大自然赐予我们的冰雪世界呢？雪花漫天，让我们纵情地在雪地里打个滚，彻底地将自己置身于银色世界。还有一定要穿上滑雪板，去畅快享受风之狂野和飞翔过后的大汗淋漓！

为了让同学们尽早地做好来滑雪的准备，这里为大家介绍几个有名的滑雪场。

亚布力滑雪场　位于尚志市亚布力镇。俄语原名亚布洛尼，“果木园”之意。当同学们来到亚布力滑雪场，会发现这里处于群山环抱之中，林密雪厚，风景壮美。这里的滑雪期近150天，每年的11月中旬至次年3月下旬是这里的最佳滑雪期。

同学们，你们知道吗？亚布力滑雪场是目前国内最大的滑雪场，初、中、高级雪道一应俱全，是旅游滑雪胜地。这里也是我国目前最大的综合性雪上训练中心，是开展竞技滑雪的最佳场地。

龙珠二龙山滑雪场　距哈尔滨市仅65公里，龙珠滑雪场最高点位于二龙山的主峰白石峰上，由山下的缆车直达峰顶。从缆车俯视，一路上只见白雪遮住了突兀的岩石，蒙盖了叠嶂起伏的树林，使得原本险峻的山峰平添几分温柔。

滑雪场拥有两座大型初级滑雪场，一座儿童滑雪场，八条初、中、高级雪道和一条单板专用道，建有4条拖牵旅游索道和1条高空索道。最适合同学们的到来！

吉华滑雪场　位于宾西国家地质森林公园内，距哈尔滨市区仅38公里。滑雪场四面环山，处于中心盆地，融古朴与现代、时尚与品位于一体。滑雪场目前拥有初、中、高级雪道、儿童道等总计15条雪道，可以满足不同程度滑雪者的需求。其中初级道宽100米，是初滑者体验滑雪运动的最佳场地。缆车、托牵以及儿童电动滑毯，可以满足各个年龄段和各级水平滑雪者的需求。这里还有雪上飞碟、狗拉爬犁、马拉爬犁、雪地摩托等十余种娱雪项目。相信，同学们来到这里一定会感受到冰雪运动的魅力！

同学们，瞧瞧我们家乡哈尔滨这些有名的滑雪场，雪漫群峰，不仅环境优美，且设施健全，使哈尔滨成为中国滑雪旅游的首选胜地。

同学们，让我们一起去滑雪吧！让我们一起驰骋在雪野，感受飞翔的欢乐吧！

体验活动

让我们一起去滑雪

当白雪飘飘，一切都变得粉妆玉砌的时候，同学们最高兴的应该是在这漫天的飞雪中，感受各种冰雪运动吧？堆雪人、打雪仗、坐着橡皮圈从雪道顶部冲下，风驰电掣，惊险而刺激！但最让同学们兴奋的还是走进滑雪的世界去感受更高的挑战。下面就让我们一起去滑雪吧！

温馨提示：

大型滑雪场一般都提供滑雪装备的租赁服务，滑雪板、滑雪服、滑雪靴、滑雪镜，应有尽有。

1.滑雪板：对初学者来说，最好选用短一些的板子，太长的板速度快，难于控制，特别在转弯的时候会非常吃力。要注意检查固定器是否合适，否则你会大吃苦头。

2.滑雪服：保暖性足够好的连体雪服即可。穿连体雪服在跌倒后不会有雪从手腕或脚脖子等处灌入。

3.滑雪靴：挑选一双合脚、轻便、富有弹性的雪靴即可。许多雪场会向游人提供一次性的塑料袜子。

4.滑雪杖：雪杖的长度一般以下垂手臂后肘部到地面的高度为准，在这一范围内，初学者可选择稍长一些的雪杖，将佩带套在手腕上后，应感觉挥动自如。至于雪杖本身，应尽量轻便，不易断折。

5.自备的物品：滑雪镜，避免被雪地的反光刺伤眼睛，可用一般的太阳镜代替。雪帽、围巾、护脸、手套，雪帽一定要能遮住额头和耳朵，松紧适度；围巾不易太长；护脸可有效保护面部不被冻伤；手套要耐磨，腕部尽量长一些，以免漏雪。

跟"我"一起学滑雪：

1.初学者在选择滑雪场地时，坡度不能太陡，6 度左右最好，滑雪道要宽，50 米左右为宜。

2.掌握平行移动的技术，两板与肩同宽，膝盖微屈，上体微向前倾，抬起一只滑雪板向身体侧面移动一步，然后另一只滑雪板再向同方向移动一步。这样便迈出了滑雪的第一步。

3.八字行走。面向坡的上方站立，滑雪板呈外八字形放置，向上移动一只滑雪板，呈内八字形放置，再移动另一只滑雪板即可完成一个位移，反复交替使用即可向坡上移动。外八字蹬坡的要领主要是双板的板头宽、板尾窄，呈外八字形状，双膝内旋以使双板的内刃立起与雪面形成夹角，双手在身后执雪杖的杖头支撑，双板轮流交替向上蹬行，雪杖在身后自然地轮流支撑。

4.制动是初学者迈入滑雪道路的重要一步。站在山坡上，上体放松，手握雪杖头在身前髋部的高度，雪杖垂在身后，身体重心在前脚的内侧，不能后坐，在滑行中使双板的板尾打开呈倒"V"字形，即八字形，髋部的重量均匀地分布在两只雪板上，双膝和踝关节内旋以使两只雪板的内侧立起，形成楔形嵌入雪面，加大阻力从而使自身下滑的速度减缓，并最终停止。

同学们，在滑雪的过程中，安全最重要哦！

1.先要学会如何摔跤，来保护自己。

(1)向下蹲，向身体的两侧倒。

(2)向下蹲，向山的上侧倒。

千万要记着呀，摔倒后不要挣扎，任其滑行，绝对禁止翻滚。

2.在坡上摔倒后紧急情况下滑雪板会自动脱落的，按以下步骤：

(1)轻微活动一下身体，检查是否受伤。

(2)确认滚落线方向。

(3)双板平行并与滚落线垂直放置。

(4)先穿坡下方向的滑雪板。

3.安全小提示：

(1)准备向下滑行时，最好选择前方人少的方向滑行，以免自控能力差，而冲撞他人。

(2)停留休息时，应停在滑雪道边上，避开滑行的人。

(3)严防相撞，滑雪有句俗话："不怕摔，就怕撞。"也就是宁可摔倒，也不要发生碰撞，那是十分危险的！

感兴趣者，马上积极行动起来，我们一起来学滑雪吧！

丁香花开

"五月丁香开满城，芬芳流荡紫云藤。"每当冰雪消融，一股细细的清香立刻溢满冰城，数不清的小花汇到一起，一簇簇的，紫中带白，白中映粉，远远望去，花如云、如海、如霞。这便是哈尔滨的市花——丁香花！

目前，哈尔滨市已有丁香30余个品种，300余万株，品种、数量均为全国最多。主要品种有紫丁香、白丁香、红丁香、小叶丁香、重瓣丁香、暴马丁香等。

丁香的花小如丁，外表柔媚，生命力却很顽强。它的根紧紧地抓住土地，纤细的枝杆，劲健地支撑着一簇硕大的花冠，抵御着北方的风寒和干旱，给人以生命的张力、创造的热情、想象的驰骋。倘若你漫步街头，往往是还没有看见花，香气已先冲入鼻中，一代代的哈尔滨人就是在这沁人心脾的芬芳中梦想自己的未来。

而且，你们知道吗？丁香在我国已有一千多年的栽培历史，它给中国的文化平添了无限秀色。在古时侯，有许许多多关于丁香的传说，有人说丁香是“神树”，它能给人带来幸福。也有人传说，如果在丁香花开时，你能找到五个花瓣的丁香花，那么这一年你都会很幸福！

就连历代的文人墨客，也为丁香留下了许多名篇。如杜甫“丁香体柔弱，乱结枝犹垫”；李商隐“芭蕉不展丁香结，同向春风各自开”；李清照“梅蕊重重何俗甚，丁香千结苦粗生”；王国维“西窗白，纷纷凉月，一院丁香雪”等等。

丁香，秀美的花色，繁茂的花丛，把北国冰城装点得分外妖娆。有了丁香花，哈尔滨的春天就变得芳香四溢，美不胜收。哈尔滨人对丁香的深情，正是在于丁香的品格凝聚了哈尔滨人独特的精神风貌。它聚小而成大气，抗艰难而争上游，坚韧、顽强、生机盎然。所以，哈尔滨人把丁香作为自己的市花，丁香是我们情感的寄托、审美的移情，更是对生命价值的一种追求。

体验活动

一、观察、绘制观赏丁香路线图

香坊区	道外区	道里区	群力新区
			音乐公园 丁香公园 金河公园 湿地公园 雨阳公园
南岗区	阿城区	平房区	呼兰区

二、认识并跟随花期观赏丁香

5月中上旬	5月中旬	5月末	6月中上旬	7月下旬到9月下旬
 洋丁香 朝鲜丁香 华北紫丁香				

第二篇 美在生活

一方水土养一方人，哈尔滨的文化特点、环境因素决定了哈尔滨人在衣食住行方面有着十足的个性特征。哈尔滨人的餐饮文化有着自己独特的方式与风格，完全可以称其为“哈尔滨风味”，这已成为这座城市灵魂的重要组成部分。哈尔滨人特有的审美水平及高雅气质，在衣着品位上体现尤为突出，春、夏、秋、冬，四季服装有增有减，不变的是对美的追求。近年来，通过城市建设和改造，单元配套住宅大量普及，住宅功能逐步完善，城市基础设施建设日趋完善、城市载体功能不断提升，新建绿地和休闲空间逐渐增多，人居环境得到了显著的改观，城市交通环境也在不断改善，人们出行更加方便舒适。

美丽的哈尔滨正不断提升城市品位形象，向着适宜创业、适宜居住、适宜全面发展的现代化文明城市阔步前行。

美“食”每刻

——味·道 哈尔滨

“酒泛蒲桃作冷餐，彘肩羊胛矗杯盘。旁人大嚼先生笑，冰雪满胸寒不寒？”（成多禄《哈尔滨竹枝词》）这是前人对上世纪二三十年代哈尔滨人饮食习惯的形象概括，同时也折射出哈尔滨人一贯的热情、大方、豪爽的性格。如今，哈尔滨的饮食既具有自身特色，又具有开放性和兼容性的特点，“朴实中透析出灵气，粗犷中蕴蓄着精华”。黑土地养育的各种珍馐，谈及哪一样都会让人馋涎欲滴。

主　食

哈尔滨人饮食多元化，主食就有很多种，例如米饭、饺子、包子、面条，或者是大饼子、大馇粥、煮苞米、黏豆包都是日常餐桌上的美食。随着生活品质的提高，人们更加追求饮食的健康，除了普通百姓家，酒店的餐桌上也常常会出现它们的身影。

哈尔滨大米　哈尔滨的大米早已经走向天下百姓餐桌。五常大米、方正大米、延寿县“亮珠”大米、木兰县“哈哈木兰”大米……各个都是优质名牌。但是，最有名的还要属“五常大米”。五常“稻花香”大米，其品质可谓上乘，米粒均匀、色泽光亮、醇厚绵长、芳香四溢。大米煮熟后，食味清淡略甜、绵软略黏、芳香爽口、饭粒晶莹剔透，细心品味唇齿留芳、经年不忘。正所谓“一餐五常米，浑忘酒肉香”。慈禧太后曾多次提到“非此米不能进食”。虽然大米是我们餐桌上的常见食物，我们仍然要珍惜每一粒米，勤俭节约从现在开始！

副　食

哈尔滨红肠、小肚和干肠　全国有名、百年历史、口味独特的哈尔滨红肠，是哈尔滨市民日常餐桌上的消费食品，同时也是外地游客来哈尔滨必买的礼品之一。

哈尔滨红肠有些许大蒜味，里面还有适量脂肪丁，下酒极佳，配上啤酒，味道那叫一个棒！正宗哈尔滨红肠的外观应该是枣红色的，虽然经过数小时的烟熏，但是表面没有浮灰，用白色的纸巾擦拭，纸巾上不会染上任何颜色，这样的红肠才是健康卫生的红肠。所以正宗的哈尔滨红肠是可以直接

吃的，吃的时候也可以把肠衣（表皮）一块吃掉，这才是真正的哈尔滨红肠风味。

哈尔滨红肠原本来自俄罗斯，在 1913 年由一个叫作“爱金宾斯”的技师传到中国，最早生产红肠的企业是“哈尔滨肉类联合加工厂”，也就是现在著名的“哈肉联”。秋林“里道斯”是家喻户晓的红肠品牌。但你知道吗？“里道斯”不是俄语红肠的意思，其实，它是借取了 1919 年秋林灌肠庄的工人家乡立陶宛的音译。

小　食

除了正规的菜肴外，哈尔滨的小食也独具特色。

马迭尔的冰棍　到了中央大街，你才会了解马迭尔的冰棍有多出名。

无论夏季还是冬季，马迭尔的门口总会排起长长的队伍。哈尔滨人有越冷越吃凉的嗜好，令许多外地客人观之咋舌。“甜而不腻，冰中带香”是马迭尔冰棍的主要特点。为保证冰棍的口感，不使用外包装，冰棍方方正正，入口即化，这是马迭尔冰棍百余年来始终如一的品质。由于品质出众，使得马迭尔冰棍的假冒品很多。品尝马迭尔冰棍的最佳地点是位于哈尔滨中央大街的马迭尔冷饮厅，这座有百年历史的木制建筑非常精致、漂亮，是哈尔滨市文物保护单位，吃着正宗马迭尔冰棍，漫步在中央大街上，那种感觉只有亲身经历的人才会懂得。

冰糖葫芦 糖葫芦在哈尔滨的冬天是一大特色，也是哈尔滨冬季热销的食品，又甜又脆，利肠胃、解油腻、醒酒。那股酸爽爽、冰凉沁心的感觉令人回味无穷。

冰冻水果 比较常见的是冻梨、冻柿子。有人可能会问这能吃吗？能吃！当然能吃！带着冰碴就可以吃！而且，还相当好吃！吃一次就想吃第二次，绝不夸张哦！冻梨、冻柿子富含果酸、柠檬酸、蔗糖等成分，有清热、润燥、平咳化痰、养身祛疾等功效！倘若要试着自己做冻梨，最好选择梨渣较少，味道酸甜的梨，直接放入冰箱冷冻即可。

特色菜品

结合了自身的地域特点和人文特色，哈尔滨逐渐打造出属于自己的地方特色菜品。

锅包肉 它的原名叫“锅爆肉”，是正宗哈尔滨美食，出自哈尔滨道台府府尹杜学赢专用厨师，“滨江膳祖”——郑兴文之手。由于用急火快炒，把铁锅烧热，把汁淋到锅里，浸透到肉里，起名叫“锅爆肉”。可俄罗斯人发“爆”这个音为包，时间一长，“锅爆肉”就变成了“锅包肉”。“锅包肉”几乎是每位同学都喜爱的一道菜吧！

酸菜　哈尔滨的酸菜又叫“浸酸菜”。酸菜是哈尔滨冬天特有的一道美食，家家户户到了秋天都会自己腌制酸菜。哈尔滨的酸菜和南方的酸菜不一样，哈尔滨的酸菜是用白菜腌制的，而南方的酸菜通常是用青菜腌制的。

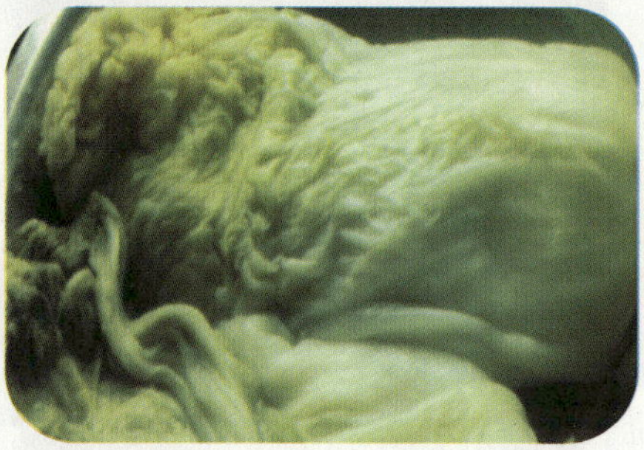

腌制酸菜的过程中有两件东西必不可少，缸和石头。

酸菜的做法有很多，可炖、涮、烩，可与鱼、禽肉、海鲜配制出多种佳肴。只有冬季来到哈尔滨，你才能吃到正宗的酸菜。

杀猪菜　旧时哈尔滨农村，每到年关会杀年猪并邀请亲朋好友来尝鲜，这个习俗在哈尔滨部分地区和乡村至今仍保留着。由于旧时物质条件有限，杀猪菜没有什么特殊的配料，只是将新杀的猪肉切成大块放入铁锅里加水加盐煮，边煮边往锅里切酸菜，等到肉熟菜烂的时候，再把灌制好的血肠放入锅里煮熟，那叫一个原汁原味，让人垂涎欲滴。现在，哈尔滨市内的一些餐厅也开始专营杀猪菜，添加了更多的配料调料后，口味更加独特，味道也更加鲜美。外地来哈尔滨出差或旅游的人，必定要尝一口才会走。

三花五罗十八子 所谓“三花五罗十八子”，实际上就是松花江中盛产的鱼的种类，但并不包括所有的鱼类，它们只是其中的珍品而已。

三花是指鳌花、鲫花和鳊花，都是松花江中比较常见的鱼类。

五罗是指哲罗、法罗、雅罗、胡罗和铜罗。哲罗、法罗是大型鱼，肉质格外细腻，味美鲜香。目前多见于黑龙江、乌苏里江和松花江下游。雅罗、胡罗、铜罗是小型鱼。鱼虽小，却是水中珍品，酱焖、香酥、炖汤均佳。

十八子并不逊于三花五罗，也是鱼之珍者。而且并不止十八这个数，十八只是形容其多而已。众所周之的十八子有，岛子、嘎牙子、鲫瓜子、穿丁子、鲇鱼球子等。

丰富的水产需要我们更加爱护生态环境，才能让这些鱼类安逸地生活在松花江中。为了保护松花江鱼类产

卵繁殖，松花江哈尔滨段的禁渔期从5月25日开始至7月10日止，共计47天，在此期间禁止一切捕捞作业，各种渔具都要撤出作业场所和捕鱼滩地。美丽的松花江需要我们共同来爱护，如果在禁渔期发现违法捕鱼者，我们每一个人都有义务向渔政部门举报，举报热线0451-86772114，爱护环境从你我做起。

得莫利炖鱼 这道菜原产地是哈尔滨市方正县得莫利村，距今已有一百多年的历史了。这道菜的起源很简单，只是因为这个村子靠近松花江边，村民主要靠打鱼为生，打到的鱼和常见的豆腐、宽粉条炖到一起，味道鲜美，吃过的人口口相传，最终被大家熟知，也成了一道具有代表性的本地菜。传说中得莫利炖鱼的独特性在于特殊的作料——苏子叶、把蒿（藿香）和山花椒（五味子）。

正宗的俄罗斯大餐 从城市本身的发展史来看，哈尔滨始终与俄罗斯有着不解之缘，饮食更是倍受影响，现在的哈尔滨，拥有很多正宗的俄式餐馆。

再看看这传统红菜汤、罐牛、肉饼、软煎马哈鱼，真是垂涎欲滴啊！

百年味道

秋林大列巴　“大列巴”之名，鲜明地体现了中西文化之融合，“列巴”是俄罗斯语“面包”之意，因为个大，所以前面冠以中文的“大”字。初次见“大列巴”，你会为这硕大无比的面包而惊叹。作家秦牧当年来哈尔滨有句“面包像锅盖”的比喻，说的就是具有百年余韵的秋林大列巴。大列巴香味浓郁，口味微酸、外皮焦脆、内瓤松软、香味独特。好大好大的一个，要多点人吃，不然都浪费掉了，有啤酒味儿，蘸上果酱很好吃。

秋林格瓦斯　面包发酵酿制的碳酸饮料格瓦斯，其口感醇香，口味独特。

秋林巧克力酒芯糖　酒芯糖用砂糖作壳，外挂巧克力，内含优质白酒，口感极佳，既有美酒的浓郁醇香，同时又具有糖与巧克力的香甜。

老鼎丰糕点　百年工艺自有其与众不同之处，糕点酥松利口、细腻酥软、多味融合、香味独特、久放不干，让人百吃不厌。

实际上，我们为大家介绍的哈尔滨美食，只是很小一部分而已，还有更多诱人的美食等待着我们去发现，去品尝。同学们，行动起来吧！用我们的味蕾去感受哈尔滨的魅力所在！

体验活动

一、我会煮米饭

为爸爸妈妈煮一次米饭吧！其实很简单哦！

1.首先取米适量，清水冲洗两次。时间允许最好要泡米，即把米在冷水里浸泡1个小时左右，这样可以让米粒充分地吸收水分，蒸熟后饭粒会饱满软糯。

2.将米放入电饭锅，米和水的比例应该是1:1.2。有特别简单的测量水量方法，即用食指放入米水里，米面和水面相当于一节手指距离即可。

3.最后插电按下开始键就可以煮米饭啦(插电时一定要保证手是干的)。

4.米饭煮好后不要立即打开电饭煲，应延时10多分钟，这样煮出的米饭更松软可口，香味更浓。

二、制作自己的冰糖葫芦

冬天的哈尔滨，无论在大街小巷都能看到卖冰糖葫芦的。有时出于卫生安全考虑，想吃又不敢买，或者总觉得没有自己喜欢的水果在里面。那我们何不亲自动手做自己爱吃的冰糖葫芦呢？

1.首先准备好自己喜欢的新鲜水果、白砂糖、竹签、铁锅、木板或砧板(洗干净)。

2.串果，将准备好的水果用竹签串起来(较大的水果切成大小均匀的块)，每串七八个(块)，初次尝试串不要太长。

3.熬糖，取适量白砂糖倒入锅中，按糖与水2:1的比例加入水，用大火熬15分钟左右，直到糖呈黏稠的透明状(熬制过程中，要用铁勺顺时针方向不停搅动)。

4.蘸糖，将串好的水果贴着熬好的热糖上泛起的泡沫轻轻转动，裹上薄薄一层即可。

5.最后冷却，将蘸好糖的果串放到木板上冷却两三分钟，再冰冻，属于你的冰糖葫芦完成！

制作过程中一定会手忙脚乱，叫上家人或者同学与你一起动手吧，这一定是一次难忘的经历。

三、学习用餐礼仪　品味餐饮文化

俄罗斯风格的西餐厅在哈尔滨很常见，你知道吃西餐的正确礼仪吗?如果你不知道，那么在别人眼里可能你就是一个没有礼貌的人。看看下面的提示，也许会对你有所帮助。

1.坐：坐姿要端正，不可以跷二郎腿。

2.餐巾：坐下后将餐巾平铺到腿上，盖住膝盖以上的双腿部分。

3.点餐：点餐一定要有主菜、汤和甜点。

4.刀叉的用法：基本原则是右手持刀或汤匙，左手拿叉。

5.就餐时，尽量避免刀叉碰到碗或盘发出声音；喝汤时不要发出声音；切东西的时候不要让刀在盘子上划出刺耳的声音。

以上都是最基本的礼仪，还有很多细节需要你自己去慢慢了解和感悟。

四、绘制哈尔滨美食地图

从小就生活在哈尔滨的你，一定吃过哈尔滨的很多特色美食，现在请你动手为外地来的游客绘制一份专属的美食地图吧！让他们在短暂的旅途中尽可能多地品尝哈尔滨的美食！一定要尽你所能写得详细具体一些，千万不要让那些爱好美食的游客们在寻找美食的路上晕头转向哦！例如：在 __________ 乘坐 ________ 公交车，在 ____________ 下车，步行 _______________ 至 ____________，品尝特色菜品 _______________。

五、了解地域与饮食文化的关系

各个地方都有自己独特的美食和极具个性的饮食习惯、饮食文化，为什么不同地域在饮食方面会有那么大的差异呢？这就需要你多想一想、问一问，切实作一番调查研究，比如饮食与地理位置、气候环境和区域特产等因素的关系。那么我们就以哈尔滨饮食文化为研究对象，深入了解一下地域与饮食文化的关系。在研究的过程中，你一定会对我们的城市，特别是我们的饮食文化有一个新的认识，将你发现的告诉大家吧！

哈尔滨的地理位置：____

____

哈尔滨的气候：____

____

哈尔滨的特产：____

____

哈尔滨的人文和民俗习惯：____

____

哈尔滨的饮食文化特质：____

____

"衣"酷到底

——时·尚 哈尔滨

哈尔滨在新中国成立前是一个各国商贾云集之地，因此在衣着方面,也受着外来文化的熏陶。另外,由于和俄罗斯邻近,地理位置同处寒带,给这座城市在服饰上留下了很多欧化的痕迹和地域特色。因此,对于服装,哈尔滨人有着特有的审美水平及高雅气质,哈尔滨服饰的时尚化、多样化、个性化,彰显出哈尔滨人自身的个性特征。哈尔滨人素以"敢穿、会穿、爱穿"名扬天下。当然,作为学生,我们更要注重服饰的大方得体、干净整洁,穿着上更加符合学生的年龄、身份和特点。

老照片的故事

看看这些老照片,很有趣吧！看看在你家的相册里有没有？

大棉袄 二棉裤　哈尔滨的冬天零下三十几摄氏度的严寒也是家常便饭,但在我们的脑海里绝没有"苦寒"的念头,冷是冷,却也有着独特的魅力。

看看这大棉袄、二棉裤，还有羊皮袄，加上冬日暖阳，是不是很温馨？你不想来一件吗？

狗皮帽子 哈尔滨的冬天天寒地冻，很多户外劳作的人必须戴帽子御寒，以前人们通常都戴狗皮帽子。狗皮帽子最大的特点是结实耐用，防寒、防潮性能极佳。

“翻穿皮袄毛朝外” 这是哈尔滨冬天的一景。出远门的车老板，上山砍柴的农户、打猎的猎人都把皮袄反穿，这样雪落在毛上自然滑落，不会把皮袄打湿。

靰鞡 其名称来自满语对皮靴称谓的音译，是一种东北人冬天穿的“土皮鞋”。制作靰鞡的原料多是用黄牛皮，也有用马皮或猪皮的。制作方法非常有趣，鞋头部位需要压出二十几道“包子褶”，这也是靰鞡独有的特点。由于这种鞋穿时里面还要絮靰鞡草，与其他鞋相比又长又宽，只有大、中、小之分，没有具体的“鞋号”，出售时按重量以旧制的“两”为单位计价，一般重为八两到一斤。现代商家多沿用靰鞡草的传统文化效应，生产靰鞡概念的鞋垫、床垫等生活用品。

曾经的花棉袄

50 年代的哈尔滨实行计划用布，定量供应。要做一件大褂比较费料，取而代之的是一些方便节省的衣着形式。在那个全国上下蓝、灰、黑

的时代，哈尔滨人已经渐渐意识到色彩的重要性。花棉袄就是那个年代最好的选择。问一问你的爸妈，她们曾经穿过花棉袄吗?入春的哈尔滨,依然冬意未退。小朋友们的花布棉袄是全国上下蓝、灰、黑时代少有的亮色。

火红的大花棉袄,最具有哈尔滨特色,象征着红红火火、富贵吉祥。女孩们穿上色彩艳丽的花棉袄,戴着狗皮帽子,保暖手套,再寒冷的冬天也要在温暖和多彩中度过。

从前的布拉吉

受俄罗斯服饰文化的影响,自 20 世纪 70 年代以来,每到夏季哈尔滨街头都会看到穿着色彩靓丽长裙的女性。在当时的年代,这是一道独特的风景,这种长裙在当时就叫作“布拉吉”。“布拉吉”是一种连衣裙,其款式非常简单:泡泡短袖,泡泡褶皱与圆领连身衣相连,后系腰带。

色彩鲜艳的各式长裙显示出哈尔滨女性高挑的身材和高雅的气质。

那时爱美的女性已经到时装店去量体裁衣，根据自己的身材和气质打造属于自己的

“布拉吉”了。时过境迁，到裁缝店量体裁衣，做一件合体的衣服，似乎已停留在长辈的生活方式中，从前风光的裁缝店现在只能隐没在多彩的时装店背后。同学们，你的家里还有这种老式的木尺子吗？要知道这把木尺子可是承载着你的长辈对美的追求与向往……

冬天里的风景

都说哈尔滨人“敢穿”，这也是名副其实的。什么独特款式的服装在哈尔滨的大街上都不足为奇。哈尔滨女性冬天穿裙子的比例有可能是全国最高的，这是长久以来俄罗斯文化给这座城市的人们带来的不可磨灭的印记。长大衣、搭配长靴和长裙是中年女性的标准行头。而短裙、长靴、雪地鞋则是年轻女孩的最爱。

刚刚入冬的哈尔滨，中央大街街头，女孩们穿着毛皮外套、短裙，处处彰显着她们的潇洒、俏丽。 深冬的哈尔滨，寒风萧萧，人们不忘戴上帽子和耳包，但街上仍然随处可见穿着裙装的女孩，她们如火的热情，也正是哈尔滨人的精神所在。

不得不提还有美丽的新娘，穿着洁白的婚纱，亦或大红的新婚礼服，怀着对这一方水土的热爱与这银装素裹的世界融为一体。

同学们，在冬天

你是怎样出行的呢？不要只顾着“美丽战胜严寒”，千万别忘了保暖才是最重要的！

时尚正当时

哈尔滨人的“会穿”体现在时时处处，时尚、多样、个性的穿着随处可见。不经意间就可以看见青春靓丽的女孩，她们身材修长、时尚大方、穿着得体，东方女性特有的美丽动人在她们身上彰显出来。女孩青春靓丽，男孩运动阳光。哈尔滨人这种朝气蓬勃的外在表现，也体现出他们乐观热情、积极向上的生活态度。你是热爱运动的男孩女孩吗？穿上你最钟爱的运动服，让我们一起运动起来吧！同学们，青春就是一种精神，青春就是一种能量，青春就是一种时尚……年轻的我们活在当下，年轻的我们与时尚同行。

哈尔滨是全国纬度最高的省会城市，也正是由于这样的地理位置，哈尔滨四季分明。在我们的衣柜里有着一年四季多样的服饰，衬衫、裙子、毛衣、外套、棉服，甚至皮草。

哈尔滨的春天，温度适宜，春光和煦，有时也会遇到大风天气。出行的人们大多选择衬衫、长袖 T

恤、单裤，当然女士们依然热衷于裙装。在早晚温差比较大的时候，也需要加一件短外套或者夹克衫。春季的校园活动较多，运动会、艺术节、春游……在各项活动中找到适合的衣服，相信你们一定能做得到。

夏天的哈尔滨各式裙装闪亮登场，女孩们热情地拥抱着美丽的生活、美丽的自己。炎炎夏日，酷暑难耐，怕被晒黑的女孩们戴上了竹编的各式遮阳帽，“头顶上的风采”也有不一样的韵味。

秋意正浓的哈尔滨，气温已经达到一些南方城市冬季的温度了。男士们最热衷的穿着就是毛衣、呢制外套，再加一条轻松随意的牛仔裤，当然羊绒围巾也是必不可少的装备。

冬季是哈尔滨一年四季中持续时间最长的一个季节，大约要经历 4 个月的时间。看看你的衣柜里是不是冬季的衣物最多？保暖内衣、羊毛衫、羊毛裤、棉裤、棉服、羽绒服……试着帮妈妈把各季的衣物分类放好吧。最近几年，随着冬季户外运动的兴起，冲锋衣也成了哈尔滨人钟爱的服饰之一。

都说哈尔滨人“爱穿”，这并不是虚传，对于穿，哈尔滨人也是舍得的。越来越多的哈尔滨人在冬天选择皮草服饰御寒。对于皮草、貂皮大衣这些被认为是奢侈品的服装，在很多哈尔滨人眼中，这是无关乎身份、地位、面子的生活必需品。当然，环保始终是一个很纠结的不可回避的话题。

体验活动

一、自己动手做裙子

各位女同学，让我们为自己做一条独一无二的裙子吧(男同学尝试为自己做一条运动裤吧)。老师在这里不作任何指导，同学们就大胆创意和动手操作吧！

二、T 台有我

请同学们每人带一件你最喜欢的衣服(爸爸、妈妈的也可以，要是能亲自设计那就更好啦)，来举行一场别开生面的服装表演吧！

活动准备：制订活动计划；准备衣服、音乐、音响设备等；教室布置。最后别忘了还有活动分享哦!

畅快出行

——速·度 哈尔滨

哈尔滨生活之美充分地展现在城市交通日新月异的变化中。从畅通无阻的立体交通网络，到美丽宜人的景观大道；从智能便捷的公交管理

系统，到构造和谐的交通环境，作为这座城市的市民，我们体验到的是更快的哈尔滨速度、更舒适的出行方式、更科学的出行指南。我们骄傲，因为乐于奉献、精于创新、勇于实践的家乡人让每一个行走在这座城市的路人不由得发出这样的感叹：这是一座充满魅力的城市！

哈尔滨速度

同学们，快速发展的哈尔滨，令人瞩目的变化更体现在以路桥建设为代表的基础设施建设上。为了实施新战略，更好地造福百姓，城市的几十万建设者，开始了高效率、高标准的路桥改造，他们克服了摄氏零下三十多度的极寒天气，忍受着酷暑高温的炙烤，创造了令人自豪的“哈尔滨速度”。马路宽了、车不堵了、城市靓丽了，新路桥引领着冰城向着现代化大都市迈进。看！生机勃勃的建设场面，让我们清晰地感受着路桥建设者的脉动。无论是数九寒冬，还是烈日酷暑，他们都用挥汗如雨的热情打造着城市的崭新名片，创造了一个又一个路桥工程奇迹。

在路桥改造工程建设中，应用了60多项新技术、新材料和新工艺，极大地提高了施工效率。勇于攻关、开拓创新，成为哈市路桥建设的灵魂。可以说，哈尔滨这座城市的畅通和美丽，是哈尔滨人共同付出后所收获的荣誉。

几年间，哈尔滨最大的变化就是桥多了——高架桥、跨江大桥、地道桥、人行天桥。桥，改变了哈尔滨的交通格局，改变了冰城人的出行方式。

2010 年，松花江大桥新桥、阳明滩大桥、松花江特大铁路桥三座跨江大桥同时启动建设，谱写了这座美丽城市新的传奇。

阳明滩大桥 大桥于 2011 年 11 月 6 日通车。因主桥穿越松花江阳明滩岛而得名，是哈尔滨三环路的重要组成部分。阳明滩大桥的建成有效缓解了过江的交通压力，为两岸发展创造了良好的交通环境。走在桥上，微风拂面，让人顿觉美景尽收、气势雄伟，它不愧为中国长江以北地区桥梁长度最长的超大型跨江桥。

松花江公路大桥新桥 扩建工程于 2011 年 9 月 28 日全桥完工通车。这是一条跨江的南北交通“中轴黄金线”。建设期间昼夜不停，四季施工，是哈尔滨市建桥史上获批速度最快、建设效率最高的基础设施项目。

松花江特大铁路桥 总投资 12 亿元，全长 4 046 米，它创造了冰城建设无冬天的传奇。采取了一系列科学的保暖施工方式，在持续数月的低温中，智慧的冰城人造出适宜施工的“春天”，让低温难题“绕道而行”。

松浦大桥 哈尔滨市建桥史上工程规模最大、工艺和科技含量最高、综合建设条件最复杂的特大型桥梁工程。松浦大桥建成通车极大地改变了江南江北的交通格局，“半小时生活圈”离我们不再遥远。

文昌桥 哈尔滨最长、最大的立交桥。它全长3.7公里，双向8~12车道，全线采用高架桥方式，跨越李范五花园广场、中山路、宣化街广场等重要交通节点。是迄今哈市中心城区建筑规模最大的立交桥。行在桥上，我们可以一面观景，一面享受畅达！

哈大高铁 它是贯穿东北三省，世界上第一条投入运营的新建高寒地区高速铁路。速度改变生活，哈大高铁在东北地区架起了一条高效、安全、快捷的铁路运输通道。

公交车的演变

有轨电车，爷爷奶奶珍藏的出行记忆。
无轨电车，爸爸妈妈的出行工具。

低碳环保大容量公交车　今天崭新的低碳环保大容量公交车，载着我们快乐出行！这是我们哈尔滨公共交通优先发展战略的重要体现。整洁的车厢、规范的服务，让我们深刻感受着公交环境的变化，让每一位市民的出行更为舒适。

针对哈市寒地气候特点，为了让市民冬季乘上"暖车子"，对车辆提出了"保证车厢内平均温度不低于12摄氏度"的技术要求。即使在寒冷的冬季，车厢内也温暖如春。

智能公交　数字化、人性化的智能公交系统让市民的出行更为方便、快捷、舒适。智能公交系统是采用全球定位系统GPS进行数据采集，结合公交出行调查，以地理信息系统GIS为操作平台，在对公交线网布局、线路公交方式配置、站点布置、发车间隔确定、票价制定等进行优化和设计的基础上，实现公交车辆的自动调度和指挥，保证车辆准点运行。

个性化十足的电子式公交站牌服务系统，让市民在候车出行时对线路的行驶情况了如指掌，例如：触摸式电子公交站牌——精美的外观，防划痕的细节设计都让人耳目一新。如果在等车时，将手指在显示屏上轻轻一划，显示屏上将立即显示我们所要乘车的距离和相关信息。立体公交站牌既满足了市民候、乘公交车的日常需求，也成了哈尔滨一道独特的风景线。

城市通IC卡　现在哈尔滨已经实现了在公交车、出租车、长途客运

站等“刷卡”的全面推广，提高了市民乘车出行的方便快捷！小小的IC卡不仅可以乘公交，还可以看电影、逛超市、赏美食……实现了“一卡通用”，让我们感受到了“数字时代”给生活带来的无限美好。

基础设施日臻完善

身处这座美丽的城市之中，我们所感受到的不仅仅是畅通无阻的道路，更有流光溢彩的街路景观、神态各异的长廊天桥，城市基础设施日臻完善、靓丽。

特别是冬季，璀璨的灯火与冰雕雪塑交相辉映，让哈尔滨成为不夜城。火红的灯笼，各式的挂件、五彩缤纷的色彩让我们仿若走入了童话的世界。

无论何时，行走在路上，我们会发现一座座崭新的公交站台与两旁的建筑浑然一体。它们融合了城市历史，构筑起冰城一道亮丽的风景线！

这是位于呼兰区利民大道的一座钢结构无障碍过街天桥，采取了无障碍通行和台阶通行两种通行方式。为照顾残疾人和行动不便的老人，在电梯轿箱内增设了残疾人专用操控装置，为残疾人营造了一个安全方便的

出行环境。

这是位于中山路上的人行过街天桥。这座天桥采用跨越式结构，主桥 54 米长、距离地面 5 米、桥面宽 1.7 米。采用全金属结构，整体外观以金黄色为主。远远望去既醒目又美观。

地铁时代的到来

中国首个高寒地铁——哈尔滨地铁 1 号线，全长 27.3 公里，设 25 个车站。其输送能力达到每小时 1.78 万人次，全日客运量达到 27.5 万人次，将极大地缓解大直街、学府路等道路的交通压力。

现代、大气的地铁站大厅，让每一位乘客都有宾至如归的感受。豪华美观的外形，更是展现了哈尔滨独特的文化内涵。外部装饰以冰的颜色为主，以雪花点缀，与城市环境相融合；室内则打造温暖的感觉，座椅和端墙以不同的红色装饰，墙板配合象牙白。试想，乘坐这样的交通工具出行，心中该是一种怎样的惬意呢？

地铁车厢内部不仅漂亮舒适，更突出的表现是它的节能环保理念的体现与应用，车厢内有空气净化装置，可以提高室内空气质量；同时，它也是国内最轻的铝合金地铁列车。

同学们，文明乘坐、爱护设施会让我们的地铁运行更稳、车厢更美！

和谐交通的美丽使者

风雪中的坚守 严寒酷暑，他们就像一面面不倒的旗帜，让“路畅民安”化作心中的誓言，冰城交警忠于职守、勇于牺牲的精神已经像火炬一样燃起哈尔滨市民创建文明城市的热情。你是否也在心中默默诉说：谢谢您，亲爱的交警叔叔！谢谢您的敬业与坚守！

寒冬中的温暖 雪，是上天赐给冰城人最美丽的礼物，然而也同样困扰着人们的出行，但我们不用心存顾虑，上万名清雪大军、保洁工人，无数台清雪机器的昼夜劳作保障我们的出行。走在路上，你不由得会心生温暖。

温馨的出行指南 有些人，虽然未曾谋面，但却一直在坚守，为这个城市交通的顺畅做着自己的努力！城市之“声”，温馨的出行指南！让我们一起去聆听，感受城市的律动！

最美协管员 看，他们洋溢的微笑；

听，他们贴心的提示；感，他们躬行的实践。马路上，有了他们忙碌的身影，更让我们感到了冰城人的善良、热情与修养。

体验活动

一、向“中国式过马路”说不

在网络上流行这样一个词，叫作“中国式过马路”。有人给这个词作了具体的描述：凑够一撮人就可以走了，和红绿灯无关。这句“中国式过马路”概括，引发网友共鸣，成为热议话题。对“中国式过马路”，你有何看法和思考？如今，我们的家乡哈尔滨正在积极争创全国文明城市，作为市民，你觉得该如何从自身做起，向“中国式过马路”说不？

二、绘制文明交通手抄报

同学们，作为城市中的一员，惊喜于家乡交通的巨大变化，享受着新设施、新服务带来的美好体验。我们更应该做文明的出行者，为哈尔滨的和谐交通贡献自己的一份力量。让我们一起以“和谐交通，从我做起”为主题绘制一幅文明交通手抄报，向身边的人和广大市民宣传交通礼仪，做一个文明出行的倡导者！

三、调查与思考

近几年，哈尔滨人的出行发生了巨大的变化，我们的出行更加便捷、顺畅，但是，不尽如人意的问题和状况也还客观存在。请你和几个同学组成一个调查小组，通过多渠道的搜集与整理城市交通信息，形成调查报告。为城市交通的发展贡献自己的一份力量。

____________调查报告(仅供参考)

调查方式		
调查范围		
调查结果	过去	现在
交通工具		
公交线路		
交通设施		
变化的原因		
存在的问题		
我们的建议		

安居乐业

——宜·居 哈尔滨

近年来,哈尔滨市坚持以科学发展观统领全局,不断加强城市基础设施和生态环境建设,提高人居环境质量,提升城市品位,构建社会主义和谐社会。棚户区改造,休闲空间体系建设,基础设施与服务设施的完善,哈西新区、松北新区、群力新区等系列重点工程的规划建设让哈尔滨以更加积极主动的姿态和崭新的形象矗立于东北城市群。

最具安全感城市 现代社会, 公众安全感不仅是一种包含着尊严、快乐等内容的重要幸福指数, 还体现着一种健康、和谐等标准的常态民生质量。同学们,你们知道吗?2011 年公安部调查显示,在全国 15 个副省级城市中,哈尔滨犯罪率最低, 市民安全感逐年上升,“哈尔滨成为‘最具安全感’城市之一”。

哈尔滨市公安局在对整个社会治安的管控上,自主研发了“刑事犯罪情报分析系统”,推行了以治安卡口堵截、街面定点看护、警车机动巡控为主体,以“天眼”视频监控系统为辅助的、新型的全方位治安巡控机制。

“天眼工程”是以哈尔滨市公安局指挥中心为枢纽, 覆盖全市公共区域的监控体系,是“大情报信息”的具体举措,基本实现了全天候、全覆盖。目前,哈市在城市繁华地段、广场、公园、公交车站和居民小区等区域已经安装了 10 多万个 “天眼”,织起了密实的城市防控网。“除非不作案,作案就被拍,铁证如山。”“天眼”覆盖区域可防性案件正在逐年下降。

最让百姓感到安全的是每天深夜，哈市公安巡警的20台执法服务巡逻车和各派出所的社区警务巡逻车，都会亮着警灯，缓缓行驶在大街小巷，守护着夜行的人们。治安好了，百姓才能安居乐业。

昔日僻壤华丽转身 哈西新区，昔日被称为“杨马架子”的地方，如今已旧貌换新颜。从零星点缀着几间厂房的旷地，到高楼林立、街路宽广的新区；从泥泞狭窄的小路，到开阔平坦的道路，短短数年，高铁和西客站，让哈西如春雷乍响般华丽转身。哈西新城区建设中还加大新区绿化美化和湖泊水面开发力度，充分体现哈西新区“上风上水”的特色。建成绿树新居相掩映、红花秀水绕其间的人与自然和谐相处的新城区。

新建小区传承了欧风欧韵、浪漫、典雅的经典建筑元素，并在园林设计上遵循自然主义，营造生态，创造出步移景异的丰富视觉效果和空间

感受。

群力新区则意图通过艺术化的设计手法，塑造新的城市设计理念，丰富城市生活内涵，创造诗意化的生活场所，引导浪漫的生活方式。相信，热爱生活的同学们，一定也非常喜欢群力新区吧。就请大家和家人一起去那里感受一下“生态宜居、江环水绕、四季夜未央”的魅力新城区吧。大家可以沿滨江景观带，依江畔而行，那里水天一色，风景怡然，有着道不尽的诗意田园风格。那里碧色葱葱，花香满径，绿意浓浓，空气清新，满目皆是纯正的自然风情。那里有静谧幽美的内河、内湖水系及依水而建的公园，可处处感受到“地绿、天蓝、水清”。

为全面提升松花江沿江滨水景观，打造“冰城夏都，滨水丽都”形象，在群力新区建造了音乐为主题的沿江景观公园，体现了冰城音乐之都的特色。公园打造以名歌名曲、音乐名人、哈夏音乐会三个元素为主题的大型景观节点，体现哈尔滨悠久的音乐文化和音乐之都的特色。

随着人们健康意识的不断提升，休闲运动已成为现代都市人保持身体健康、舒缓压力、朋友相聚的最佳时尚生活方式。为了满足人们对健康以及休闲运动的需求，群力新区建设了一个以“生态水岸运

动”为内容的体育主题公园。

提起冰城，游人们首先想到的是美丽的冰灯、雪雕，其次想到的就是遍布大街小巷的丁香。为了更好地提升“市花”的魅力，群力新区新建一处丁香主题公园。丁香公园内种植了丁香千余株，成为我们哈市最大的观赏丁香的风景区，让人们在丁香花诱人的香气中品味哈尔滨的都市味道。

为了更好地弘扬金源文化，群力新区建设了一条以金源文化的发展为脉络，将金代地域特色的民俗民风贯穿其中的景观带。其主要以展现夏日牧歌为主题，由浮雕和群雕两部分组成，浮雕以鲜活多样的场景、风格各异的艺术造型再现了女真族祭山神的画面。

环境优美、绿色生态的园林是人们渴望的休闲去处。群力新区修复的城市湿地公园满足人们享受自然的迫切愿望。城市湿地公园集观赏、观测于一体，起到科普教育、科学研究的作用。成为城市一道独特风景线，成为人们融入自然中的最好选择。

同学们，怎么样？这些新城区和主题公园一定带给你很多美的感受吧！

棚户改造旧貌换新　随着城市化进程的不断加快，城市功能日趋复杂，降低人口密度，改善人居环境已迫在眉睫。哈尔滨市以规划为指导，始终坚持把“科学发展观”“以人为本”和“人与自然和谐共生”等先进理念与城市改造相结合，很好地完成了一个又一个的重大主城区棚户改造任务。

经过改造，居民回迁舒适的新居，并且新建小区同步配建老年人和未成年人活动中心、社区卫生站、警务室、公交首末站、学校等居住区公共设施，居住环境大大改善。同学们在那里，一定会看到一张张因乔迁新居而倍感幸福的笑脸。

小区治理扮靓冰城　在城市发展过程中，很多小区和部分区域曾出现过脏乱差的情况，一些公共基础设施建设跟不上形势发展的需要，一度让城市蒙羞。但是同学们，可别急。近年来，我们冰城人上下齐心治理脏乱差，城市绿化、铺装裸土地面数万平方米，改造居民庭院千余个，清理“三沟一河”沿线垃圾约数十万吨……城市空间净化了，人们的心情好了，人们的生活环境更加舒适怡人！

城市第一印象区　城市出（入）城口是城市第一印象区，往往决定着人们对一个城市的第一印象。哈尔滨市出（入）城口突出冰城特色，充分体现本地的经济、文化和历史文脉，体现了大气、

洋气和灵气的城市特点，六大出城口给人留下“眼前一亮”和“恋恋不舍”的冰城印象。哈尔滨东出城口收费站的欧式建筑，成为全省高速公路样本。每年冬天各出(入)城口都会精心打造成冰雪景区，营造“满城冰雕雪塑”的景观氛围，这让外地游客十分兴奋。尤其是和我们同龄的南方小朋友刚入城口，看到我们冰城的“冰雪大门”更是异常兴奋，不禁连连欢呼。

公共服务 为进一步改善和保障民生，哈尔滨市持续在全市组织实施惠民行动，其中包括完善公共服务，建设市民培训中心、哈尔滨文化艺术品中心、社区图书馆分馆、乡镇综合文化站、蔬菜市场，还有深受同学们喜欢的青少年职业生活体验馆和电影城等。各街道均建有的社区服务中心，为居民提供有效的公共服务。

无烟城市 国家疾控中心于2010年启动了“无烟环境促进项目”，我们美丽的哈尔滨市于同年1月5日，成为全国首批七个控烟项目促进城市之一。2012年5月31日哈尔滨市正式颁布实施了《哈尔滨市防止二手烟草烟雾条例》，该条例是全国首部符合世界卫生组织《烟草控制框架公

约》要求的地方性控烟法规。根据该条例，哈尔滨市将实现室内工作场所和室内公共场所、公共交通工具和其他可能的室外公共场所100%全面禁烟。

为积极支持配合哈尔滨市的禁烟工作，卫生、教育、行政机构以及公共交通系统率先成为无烟环境。哈尔滨火车站高调宣布关闭吸烟室，打造全省第一家无烟火车站，取消

了于2006年初修建的3个环保吸烟室，培训了260名禁烟监督员，积极向旅客宣传吸烟对自身及周围人的危害。

哈大高铁沿线23个车站均为无烟车站，高铁候车大厅不设吸烟室，且高铁动车也全线禁烟。同时，哈尔滨西站规定，旅客带明火上高铁列车将被移交公安机关，接受处罚。

校园是传播文明的殿堂，是同学们学习知识的净土，它所提供给同学们的应该是安全、洁净、和谐的环境。所以，校园禁烟刻不容缓，这也是关系到同学们的身体健康、展现校园精神风貌、构建和谐校园的大事。为此，各中小学校以及大中院校纷纷行动起来，

营造无烟校园，创建无烟宜居家园。同学们，为了我们美丽的家园更加洁净，请大家快快行动起来，“拒绝第一支烟，做不吸烟的新一代”，“共创无烟城”吧！

城市亮化 “灯火辉煌花千树，星光璀璨夜无眠”。哈尔滨街路和广场绚烂多彩的灯饰亮化将夜幕下的哈尔滨装扮得分外妖娆。让市民和外地客人切身感受到魅力无穷、活力四射的冰城夜色。我市的灯饰亮化，着眼创新发展，夜晚亮化灯饰主要采用新型节能环保的LED灯具，LED灯具的使用率达到了90%以上，与传统灯具相比，节能70%。在20处重要节点新增永久性灯饰亮化设施，兼顾白天和夜晚、冬季和夏季、自然和人文、灯饰和周边环境的和谐统一，促进了哈市灯饰亮化水平的整体提升。

同学们，生活在美好的城市里，相信你一定会以美的心灵捕捉生活之美。

体验活动

一、远亲不如近邻

俗话说“远亲不如近邻”。是啊，我们邻里之间应该和睦相处、互相帮助、互相谦让。邻里和睦相处可以使每一个家庭得到帮助，可以促进整个社会的安定团结。那么，我们就一起做一个“亲邻活动”吧。

1.每天遇到邻居时，一定要露出你灿烂的笑容，并友好地打招呼。

2.记录你家的邻居曾经为你做过什么事情，并记录当时你是怎么想的？

3.你又为你的邻居做过什么事情？心里高兴吗？请记录下来。

4.每逢节假日的时候，如果条件允许，我们可以约邻居一起小聚一下，把你之前记录的事情讲给邻居听。或者送一些小礼物给邻居，表示对曾帮助过你的感谢。

二、参加社区公益活动

为了丰富学生们的暑假生活，使同学们度过一个健康向上、有意义的假期，请同学们按社区关系组织起来，走进社区管理，参加社区公益活动。在帮助别人的同时感受奉献的快乐，提升个人素养。

1.活动组织管理：以班级干部和社区负责具体工作的干部为核心小组，负责管理工作。

2.将班级学生按社区划分，分为若干小组，各选出组长，明确组员。

3.班级干部、小组长和社区工作人员联系，确定活动场所。

4.活动时间，每周为社区服务 1 小时。

5.活动内容可以有多种，比如当社区图书室借阅点的志愿者，一部分同学跟着图书室的管理员学生学习如何进行办卡登记，一部分同学学习如何将图书分门别类。也可以是简单的美化社区环境，宣传低碳节能的理念，回收废旧电池，为建设生态文明汇聚我们大家共同的力量。

三、争做禁烟卫士

作为中学生，希望大家争做禁烟卫士，开展禁烟宣传活动，引导人们崇尚健康，珍爱生命。

1.成立禁烟活动小组，并选出组长，明确分工。

2.选择宣传地点：最好在家附近或小区里的休闲广场（确保同学们

的安全)。

3.活动时间:最好选择天气较好的周末。

4.活动方式:

(1)发放传单:制作多份宣传单,内容为吸烟危害健康,在广场发放。

(2)签名横幅:制作如"清新家园,无烟行动,拒绝烟草,从我做起!"等内容的横幅,置于广场可悬挂处,请市民签名。

(3)图片宣传:A4纸大小的图片,20页左右,用细线穿起拉在可悬挂处,主要内容为吸烟的危害,控烟的知识和方法。

以上几种活动方式可因实际情况有选择地体验,你也可以设计更好的活动方式。相信大家一定能"争做禁烟小卫士",向市民们宣传吸烟的危害,引导人们崇尚健康,珍爱生命。

四、向环卫工人致敬

环卫工人被称为"城市的美容师",他们长期从事垃圾清运,天天与灰尘打交道,却很少顾及自己的身体。本次活动意在让大家关注到我们的环卫工人,走进环卫工人的队伍中,了解普通城市环卫工人的生活,为他们对我们无私的付出而表达出我们微薄的谢意。

1.活动时间:周末休息时间。

2.活动地点:离家或学校比较近的广场和交通路口(注意避开大型车辆的行驶干道)。

3.活动人数:10人左右 。

4.活动前期:周末的凌晨3点,是普通环卫工人开始打扫的时间。活动的组长从3点开始全程陪伴并帮助部分环卫工人进行清扫城市,并拿录像机进行拍摄。

5.活动安排：

活动第一步：周末早 6:30~6:50，活动人员聚集。由各组长清点人数。到齐之后开展活动。纪录片拍摄完毕之后，环卫工人在活动广场歇息。我们为环卫工人们献上自发购买的爱心早餐。

活动第二步：第一步活动结束之后，请下班的环卫工人回家休息。学生们陪上班的环卫工人一起打扫城市街道，预计活动时间 1 小时。

活动第三步：请环卫工人代表到活动广场，接受为环卫工人自发购买的手套等工作必备物品。然后进行“爱我家园，向环卫工人致敬”大型签名活动。

活动结束后如果有机会可以在广场 LED 屏幕及电视台播放本次活动的过程和纪录片。

五、身体力行过低碳生活

低碳生活可以让我们的身体更加健康，环境更加优美，开销更少，不仅自己节约了，也减轻了地球的压力。其实，低碳生活离我们并不遥远，只要我们稍稍改变自己的生活方式，就可以加入“低碳一族”。让我们一起来身体力行这些低碳生活的好习惯吧！

关上灯，你也是绿色之星。

活动步骤：

1.成立“低碳一族”活动小组。

2.依据下面的表格模版绘制表格，如果小组成员做了低碳生活的小事，就可以在相应的表格里记录下来。

3. 一周后评选出做低碳生活小事次数最多的最佳“低碳一族”小组和个人。

小组成员 活动内容	一组	二组	三组	……
购物自带环保袋，无论是免费或者收费的塑料袋都减少使用				
养成随手关灯、关电器开关、拔插头等用电习惯				
每天的淘米水可以用来洗手、擦家具，干净卫生，自然滋润				
剩菜冷却后，用保鲜膜包好再送进冰箱				
……				

第三篇 美在文化

文化是一个民族的血脉，没了文化，民族就会消亡。一个城市如果缺少了文化，那就无法发展与繁荣。哈尔滨是国家历史文化名城，具有独特的文化禀赋和深厚的文化底蕴。哈尔滨的特色文化蕴含在这个城市的发展过程之中，是这个城市发展的内在机理。在哈尔滨城市发展的历史进程中，经过长期积淀，形成了冰雪文化、音乐文化、建筑文化、金源文化、欧陆文化、红色文化、啤酒文化等丰富而多元的哈尔滨固有的特色文化资源。追寻哈尔滨的百年历史轨迹，我们很自然地从中央大街、索菲亚教堂、冰雪大世界、哈洽会等特有的城市符号中，读出具有哈尔滨特色的文化印记。

随着"文化立市"战略的实施，哈尔滨的文化事业又迎来了蓬勃发展的新机遇，文化产业快速发展，群力文化产业示范区荣获联合国教科文组织评选的全球文化产业特色园区"创新引领奖"。地方文化资源得到有效整合与开发利用，目前全市共有 7 处国家级文物保护单位，156 处省、市级文物保护单位，各类遗址、古墓葬、碑刻、纪念性建筑等 1 000 余处。城市品牌形象持续提升，2010 年，被联合国授予"音乐之城"称号，拥有了世界认可的城市文化品牌。社会文明程度不断提高，形成了健康和谐的社会风尚。这座具有独特文化魅力的历史文化名城，正放射出更加耀眼的华光！

悠远的金源文化

——金戈铁马入梦来

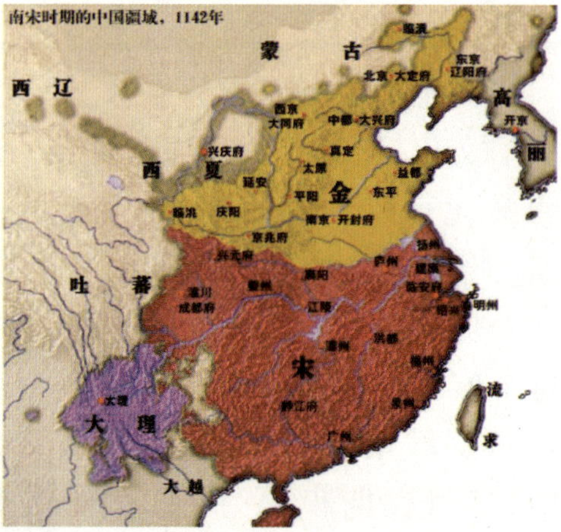

同学们，在我们的头脑中，哈尔滨是一座年轻的城市，城市历史仅有百年而已。事实上，哈尔滨的历史源远流长，哈尔滨是金、清两代王朝的发祥地。900年前，女真人崛起于“白山黑水”之间，他们先后征服了北方各少数民族，又伐灭辽国和北宋。公元1115年，金太祖完颜阿骨打在按出虎水（今阿什河）之滨的阿城称帝，定国号为金，从此，开始了历时近120年的金朝历史。由女真族建立的大金国，其疆域北起外兴安岭以北、南以淮河为界，与南宋对峙，占据了大半个中国。虽然算不上是全国政权，但是周边国家，包括南宋在内，都已向金朝称臣纳贡。因此，金代在我国历史上，确实是一个非常重要的朝代。它对中华民族文明史的形成与发展，曾作出了不可磨灭的贡献。

阿城是女真族的肇兴之地，是大金国第一都。从金太祖完颜阿骨打称帝于阿城（史称金上京），到海陵王完颜亮迁都于北京，这里历4帝，凡38年。金初，在征服各少数民族伐辽灭北宋的过程中，这里不仅急剧积累了大量的财富，而且引进了大批人才和先进的文化。从而使金上京（阿城）早在12世纪上半叶，就已经成为整个东北亚地区军事、政治、经济和文化都比较发达的中心城市。金王朝以多民族同化的文化荟萃，开创了黑龙江省文明史最辉煌的一章，成为汇入中华文明长河中一条独具特色的支流。

阿城金上京历史博物馆 始建于1997年，是中国唯一以金源文化为主题的专业性展馆。内设8个展厅: (1)金上京发展历程展;(2)金上京经济、文化展;(3)塞北马王堆——金齐国王完颜宴夫夕王合葬墓展;(4)铜镜专题展;(5)馆藏精品文物展;(6) 馆藏书画展;(7) 现代工艺作品、牌画、书法展;(8)皇城遗址。金上京历史博物馆内文物丰富、品味高雅,尤其是该馆的铜镜馆藏有金代铜镜359余面,风格各异,其中直径43厘米、重12.4公斤的双鲤鱼铜镜,其精美举世罕见。皇帝辇上的铜坐龙、铸工细腻、造型生动,已被列为哈尔滨千年庆典的吉祥物。

金上京会宁府遗址 位于哈尔滨市阿城区城南2公里，是金朝(1115—1234)前期的都城。

1115~1153年间,金太祖、太宗、熙宗、海陵王四帝以此为都城长达38年之久,它也是上京路和会宁府的治所。金天眷元年(1138年)加号“上京”。

遗址主要由横竖相连的南北二城和皇城组成。全城周长近11公里,设有马面、角楼、瓮城和护城河等军事防御设施。经过了七八百年的风雨剥蚀,现在残存的夯土城垣还高达三四米。金上京会宁府遗址于1982年

被国务院公布为全国重点文物保护单位。现存遗址保存较好的是南北城墙和皇城中的五重宫殿遗址，

遗址上散布着许多黄、绿琉璃瓦等残砖断瓦。北城曾发现有冶铁作坊遗址，出土铁制的甲胄、铜镜、石臼、陶器等遗物，应为当时手工业、商业和居民聚居区。

阿骨打陵园　金太祖完颜阿骨打陵墓遗址距金上京故城腰垣仅500米。1999年，在尊重历史、不破坏原貌的前提下，在当地修建了金太祖完颜阿骨打陵址公园。公园占地面积5.1公顷，建筑面积1 000多平方米。以现存陵台遗址为中心，突出南北向轴线，轴线长为300米，左右宽为135米，由南向北，在建筑层次上共分为前导空间、神道空间、陵墓和宁神殿四部分。公园本身也处于整个金源文化旅游区的西南方。无论从历史意义还是从保护复旧的力度，金太祖陵公园都已经成为名副其实的“龙江第一陵”。

走上玉带桥就正式走入了陵园建筑的前导空间。这座小桥长约数十

米，两侧汉白玉护栏雕有36只石狮，神态各异。据说，北京的卢沟桥便是在金国时期修建的，下了玉带桥便到了入口广场。

中国古代对陵寝的规制深有考究，从正门处抵达坟墓的长长通道被称之为“神道”。而在金太祖陵长长的神道两侧，伫立着9对石人、石兽，专有的名词称为“石像生”。这些石人与石兽用以装饰坟垅，象征死者生前仪卫，同时又有“保护”陵园的象征意义。据了解，陵前置“石像生”，早在秦汉时代就已经开始。

在金太祖陵土阜的左侧，有一个朝向东南的明显突出。据介绍在最初时，整个阿骨打的陵墓呈一只龟的形状，头部对着的方向就是东南，而阿骨打棺椁入葬的方向也是朝向东南。对于当时关内的民族来说，帝王无论行走坐卧，全部崇尚“面南背北”，即使是陵墓的方向，也严格以南北方向为中轴线。金太祖陵公园虽是以南北方向为中轴线，但金太祖阿骨打的坟墓却是面向东南方向，这一点显示出了当时南北民族文化间的巨大差异。当时北方所有民族的坟墓朝向都是东西走向。“女真尚日”，即女真族崇尚太阳这一民族特色，在迄今所发现的众多建筑遗迹中都有反映。

从右侧绕过金太祖的陵墓,后面的一间宫殿就是宁神殿。宁神殿内设有阿骨打及其6名功臣的蜡像，这处曾经是女真人最崇敬的地方,至今仍有其后裔来此祭拜,殿的两侧还有古朴典雅的阿骨打生平壁画。最初的宁神殿位置就在太祖陵之上,是太庙也是供后人祭祀用的地方。开始时,这里只设了金太祖的御容,后来,对于在统一女真部族、伐辽战争中立有卓越功勋、作出杰出贡献的开国功臣,死后都追赠封号,绘影图形配享太庙,这也是一种最高的荣誉。

徽钦二帝坐井观天遗址 位于哈尔滨市依兰县五国头城遗址区内。该遗址公园以实景再现的形式,展现了北宋徽钦二帝亡国后被金人掳来

依兰五国头城“坐井观天”的屈辱历史。辽代居住在松花江、黑龙江、乌苏里江下游的“生女真人”建立了越里吉、奥里米、剖阿里、盆奴里、越里笃五大部落,史称五国部。依兰是五国部（HYPERLINK “http://baike.baidu.com/view/788274.htm”）第一城之越里吉城,为五国部会盟之城,因此称为五国头城。1127年金灭北宋后,将宋徽宗、宋钦宗二帝押解北归,于1130年7月抵达五国城,并囚禁于城内。1135年和1156年,二帝相继埋骨于此。

五国城呈矩形,围有古城墙,四面各设城门。正南面是五国城古城楼，三层重檐,雄浑古朴,气势宏伟;城门两侧各有一名持枪的金兵雕塑把守。从南城门入城,过百米仰

见高大的“坐井观天遗址”牌坊；宽阔的广场向北延伸，顶端是徽钦二帝的石雕，徽宗坐姿，钦宗立于其后，目光深邃迥远。一条东西路连接着二帝的居室“天水郡王府”和“天水郡公府”，王府内是徽宗居住的四合院(被称为天井，“坐井观天”的由来盖缘于此)。广场东侧是都统府四合院，西侧是押班兵营。园内，随处可见徽钦二帝当年所作诗词的牌匾碑刻。

参观坐井观天遗址，看着被囚禁的宋朝皇帝的塑像，同学们能深深体会到什么叫耻辱，落后就要挨打，国弱就要被欺。我们国家的强大靠的是每个国人的共同努力，靠的是经济发展，靠的是科技进步，同学们应该从学生时代就树立远大理想，为了国家的繁荣发展和长治久安而好好学习。

金兀术运粮河　是金代金上京运河的俗称，别名“苇塘沟”，今亦称“库扎河”，是金兀术主持开凿的军事工程，运河地理位置在今双城市与哈尔滨市境内。古运河的开凿，与金初对辽、宋战争的扩大有着直接的关系，目的是缓解阿什河的漕运。金兀术运粮河，是后方最重要的保障军事设施，与著名历史人物相联，是靖康之难形成的物质基础。运粮河全长50余公里，东南起点在阿城(HYPERLINK “http://baike.baidu.com/view/1882836.htm”)杨树乡广庆庄附近，西北流经双城和哈尔滨交界地带，在道里区新农乡西下坎附近与松花江汇合。

运粮河距今已有近900年的历史，沿河古遗址、古城堡数量多，出土大量珍贵文物，人文历史故事丰富，是运粮河流域开发历史文化的潜力资源。让我们携起手来，共同推动运粮河流域保护开发，使古老的运粮河焕发青春。

满族“京旗文化” 它与金源文化之间存在着内在的关联，金源女真族和满族存在族源意义上的渊源关系，金源女真文化在各个方面影响着满族人。清中期产生的满族“京旗文化”也对金源文化产生了深刻的影响。自清朝乾隆九年始实施了“移民屯垦”政策，第一批移民就落户在五常市拉林镇。清乾隆九年(1744 年)农历八月二十八日，1 000 户闲散旗人离开了自己居住的百年老宅——北京顺天府宛平县草帽胡同里的一座座四合院，穿燕山、过山海关、沿松辽平原北上，经过两个多月的跋涉，来到了冰天雪地的五常拉林，建屯立旗，开始了自食其力，“出则为兵，入则为民，有事征调，无事耕猎”的屯垦戍边生活。此后，从乾隆二十一年(1756 年)至二十四年(1759 年)又有 2 000 户北京闲散旗人移居到拉林阿城地区，建立了 32 个京旗满族屯落。于是，带有浓郁京都色彩的特殊文化区域出现在白山黑水之间。

至今在拉林镇及周边地区还保留有当年旗屯布局的完整形制，副都统衙门、巴尔品故居、永海故居等重要的遗址也仍然存留下来了，还有金代古城 8 处、古墓葬 7 处，还有金代运河、点将台、王子坟等金代遗址。几千件珍贵的家族谱书谱单、祖宗画像，还有大量的生产生活用具及木雕、砖雕、兵器等文物。

拉林满族镇至今有 900 多年的历

史，在漫长的发展进程中，积淀了深厚的历史文化。尤其是京旗文化，与其他地区的满族相比有其迥异性，同北京的满族同源同根。清乾隆时期的京都移民，不仅促进了民族团结，更促进了京旗文化的发展，使拉林成为京旗文化的发源地。京旗文化作为京都文化的一个分支，在东北边疆的开发建设过程中起到了积极的推动作用。至今，该地区仍保留着大量的京旗文化遗存和京旗遗风习俗及较特殊的宗教信仰。拉林地区各满族乡镇中，分布着当年的 32 个村落布局，民族构成基本保持原貌，各村屯满族人至今仍操北京口音，有许多满语词汇和专用名词、地名，以及食品、文艺、体育、服饰都保留着京旗的特点。

拉林京旗文化独具特色，历史背景深厚、文化内涵丰富，是 18 世纪中叶到 20 世纪初中国京都文化和东北边疆文化碰撞的产物，是汉民族文化同地方民族文化融合的结晶。它不仅为黑龙江流域的历史文化文明增添了底蕴，也为我国提供了宝贵的人文资源，具有很高的价值。

体验活动

一、金源文化寻根

1.根据自身情况设计金源文化寻根路线图，确定参观游览的馆舍遗址等。同学们可以选择参观金上京历史博物馆、金上京会宁府遗址等。

2. 查阅历史书或者其他相关资料，了解金的起源、发展、强盛和灭亡的全过程，做好相关知识储备。

3.查阅资料了解游览地的开馆时间和行车路线等相关情况。

4.观赏要有目的性，比如欣赏“风流天子”“艺术皇帝”的书法、绘画、诗文，了解他的治国水平和艺术才能等。观赏结束后可以尝试着写一篇随想或是研究性的小论文。

二、坐井观天体验

1.参观坐井观天遗址，看看曾被囚禁的宋朝徽钦二帝塑像，亲自置身情境之中，感受什么叫耻辱。

2.朗读、背诵、歌唱岳飞的《满江红》。

壮美的红色文化

——我们共有的精神家园

同学们，我们家乡哈尔滨的红色历史文化资源来源于中国共产党领导的新民主主义革命的历史进程，具有丰富的内涵和巨大的价值。由于地理位置特殊，哈尔滨形成了一条从中国东北通往苏联和共产国际的“红色之路”。中国共产党建立前后，许多著名的共产党人，比如李大钊、陈独秀、瞿秋白、张太雷、周恩来等都在哈尔滨留下了他们光辉的足迹。中国共产党成立后不久，就在哈尔滨建立了东北地区第一个党组织，在东北大地撒下了革命的火种。在艰苦卓绝的抗日战争中，哈尔滨人民在党的领导下为抗击日本侵略者发挥了巨大作用，抗联将士 14 年浴血奋战抗击日寇的精神是这块土地永远的精神之魂。日本投降后，哈尔滨又成为全国第一个解放的大城市，开创了中国共产党在大城市执政的先河，为后来党接管和改造城市并开始在城市执政，提供了很好的范例。

前事不忘后事之师，丰富的红色历史文化资源，弥足珍贵的革命精神和历史经验，这都是激励我们继往开来、奋发进取的宝贵财富。追寻红色历史、继承先烈遗志，同学们，我们不仅要了解那段波澜壮阔的革命历史，积极弘扬和传承红色历史文化，还要踊跃加入到开发和保护红色文化的队伍中来。

兆麟街和兆麟公园　李兆麟将军(1910—1946)辽宁辽阳人，著名的抗日将领、民族英雄，东北抗日联军的主要创建者和领导人之一，也是为新中国成立做出突出贡献的百位英雄模范之一。他为了民族的生存和解放与其他抗联将士一道率领东北抗日民众与日本侵略者浴血奋战 14 年。抗日战争胜利后，李兆麟将军全身心地为建立和平、民主、富强的新中国而奋斗，无私地把一生奉献给中华民族的解放事业，为解放哈尔滨做出了突出贡献。他不仅是我们这座城市的英雄，也是中国革命史上的英雄人物，让我们永远铭记他的功绩，沿着他的足迹前行。

李兆麟将军 1946 年 3 月 9 日在哈尔滨牺牲，时年 35 岁。兆麟公园就是他的安葬地，为了纪念他，哈尔滨市将原“道里公园”改名为兆麟公园。每年清明节时，哈尔滨的许多学校都会组织学生到李兆麟将军墓前祭扫，学生们也会参观李兆麟当年秘密从事抗日活动的场所，以此缅怀先烈，寄托哀思。也许你就曾经参加过这样的活动吧!

途经兆麟街 88 号，你会看到李兆麟将军纪念馆，此处是李兆麟将军的遇害地。该馆于 2011 年 4 月 28 日暨哈尔滨市解放 65 周年纪念日正式开馆。

尚志大街和尚志市　尚志大街是哈尔滨市的一条主要街道，它是以

著名抗日英雄赵尚志的名字命名的。赵尚志(1908—1942),辽宁省朝阳县人。早年投身学生爱国运动。1925年加入中国共产党,是东北地区最早的党员之一,同年冬入黄埔军校第4期学习班学习,1926年回东北从事革命活动。他曾两次被捕入狱,严守党的机密,坚贞不屈。“九一八”事变后经组织营救出狱,任中共满洲省委军委书记。

赵尚志曾率部远征松嫩平原,作战百余次,挫败了日伪军的重兵“讨伐”。即使是在1940年夏被错误地开除中共党籍时,他仍然忍辱负重,率小分队坚持抗日斗争。这种民族利益为先、顾全大局的精神多么可贵和值得敬佩啊!他对周围的同志说“我生是共产党的人,死也要死在东北抗日战场上”。1942年2月12日,在袭击鹤岗梧桐河伪警察分所时,负重伤被俘后,他痛斥敌人,拒绝医治,壮烈牺牲,时年34岁。

哈尔滨尚志市,原名为珠河县。现在的名称是新中国成立后,人民政府为表彰赵尚志的抗日功绩并永远缅怀这位抗日英雄而把珠河县改名为尚志县(后为尚志市)的,同时把他的牺牲地改名为尚志村。

一曼街与一曼公园　一曼街和一曼公园都是为了纪念抗日女英雄赵一曼而以她的名字命名的。赵一曼(1905—1936),四川宜宾人,1926年加入中国共产党,是著名的抗日民族英雄。

同学们,让我们选取一些片段来大致还原这位女英雄的人生历程——1931年“九一八”事变

后，赵一曼被中国共产党派到东北地区领导革命斗争。1934 年担任中共珠河中心县委委员兼铁道北区委书记，组织抗日自卫队，与日军展开游击战争。1935 年担任东北人民革命军第三军第一师第二团政委，同年 11 月，与日伪军作战时不幸因腿部受伤被捕。日军为了从赵一曼口中获取到有价值的情报，连夜对其进行了严酷的审讯。面对凶恶的日军，将生死置之度外的赵一曼忍着巨大的伤痛怒斥日军侵略中国以来的各种的罪行。身负重伤的赵一曼表现出了一个共产党员坚强的意志和誓死抗日的决心，直至最后牺牲，也没说出一字有关抗联的情况。这对于今天的我们也许是无法想象的，不过这就是赵一曼用生命诠释的气节与信仰。她坚定地说“我的目的，我的主义，我的信念，就是反满抗日”。

新中国成立后，朱德为赵一曼题写了“革命英雄赵一曼烈士永垂不朽”的题词。

哈尔滨党史纪念馆 位于道里区西十五道街 33 号，是哈尔滨市著名革命遗址。同学也许不知道，这里曾是 20 世纪 30 年代哈尔滨著名左翼文化人士、共产党员金剑啸创办的天马广告社。在这里你会看到 1923 年至 1958 年中国共产党在哈尔滨的历史发展脉络，展现了哈尔滨的地域文化和人文历史，通过历史图片、文物、场景和艺术作品等形式，你会深切的感受到中国共产党在哈尔滨民主革命时期和社会主义建设初期带领哈尔滨人民团结奋斗、不断进取的历史。哈尔滨党史纪念馆，是我们学习党史的重要场馆。

东北抗联纪念园 在太阳岛围堤内靠近东部的地域，是东北最大的抗日教育和纪念基地，占地面积 3.6 公顷。纪念园以东北抗联骑兵马队组雕和东北抗联民族英雄的“浮雕墙”、湖水和绿草为核心景区，它的表现内容区别于以往庄严肃穆的纪念模式，基调以起伏的地形、参天的大树、蜿蜒的流水，寓示着白山黑水间的抗日战场。在蓝天映照下的主题雕塑、抗联营地为我们展现出一幅抗联战斗生活的历史画面。

东北烈士纪念馆 位于南岗区一曼街。1931 年建成，后被伪满哈尔滨警察厅占用，成为日本侵略者镇压中国人民的罪恶场所。抗日民族女英雄赵一曼曾在这里遭受酷刑后走上刑场。馆藏内陈列的反映东北抗联斗争生活的文物，包含了抗联军事斗争、密营生活、文化学习、群众支援等各个方面。你会看到杨靖宇穿过的大衫、赵尚志用过的手枪、赵一曼用过的大碗及写给儿子宁儿的信、李兆麟将军被国民党特务暗杀时穿的旧呢料裤子、全国著名战斗英雄董存瑞舍身炸敌堡后荣获的特级军功章——毛泽东奖章等珍贵革命文物。还有景观复原、大屏幕显示等现代手段，这些都能为你再次呈现出往日场面，感受到悲壮凝重的气氛，使你在参观后难以忘怀。

哈尔滨烈士陵园　位于香坊区体育街1号,占地面积4万平方米,系全中国重点烈士纪念建筑物保护单位。陵园由烈士事迹陈列馆、烈士灵堂、烈士墓等建筑组成。在正门上你会看到由原中国国防部长张爱萍将军题写的“哈尔滨烈士陵园”园名。

1948年11月，东北人民解放军炮兵司令朱瑞将军灵柩葬于此地。

此外，陵园内还有东北抗日联军第一路军第三方面军指挥陈翰章、东北抗日联军第十军军长汪雅臣、松江军区兼哈尔滨卫戍区司令员卢冬生、战斗英雄王凤江等17位烈士的陵墓，还有一座21位烈士合葬墓。哈尔滨烈士陵园是全中国兴建较早的烈士陵园之一,年平均接待社会各界参观群众13万人次,单位500余家。

朱瑞将军墓在陵园中心,建于1953年10月,墓碑高7米,呈长方体、乳白色,采用汉白玉石和大理石建筑。碑座正面镌刻着哈尔滨市人民政府及全体人民题撰的碑文。朱瑞将军的棺椁就葬在墓碑下面。

在朱瑞将军墓的后侧,建有烈士事迹陈列馆和烈士灵堂,陈列面积300平方米。到此处参观，你会看到朱瑞将军和其他著名烈士生平事迹的珍贵历史图片、文字资料和实物、哈尔滨市1 628名烈士名录及152位烈士的骨灰盒。这些英雄应该被我们铭记,因为是他们和千千万万和他们一样的英雄以鲜血和生命为代价实现了民族的解放。

苏联红军纪念碑 坐落于省博物馆广场，是驻哈苏军指挥部为纪念对日战争中阵亡的苏军官兵于 1945 年 11 月建立的。纪念碑由碑座、碑身和碑顶结合而成。碑座为正方形，碑身为方形锥体，由花岗岩砌成，造型优美，庄严肃穆。碑身的正面刻有俄文碑文，中译文为：“为了苏维埃社会主义共和国联盟和独立，在战争中牺牲的英雄们永垂不朽。”在碑身的俄文碑文下面，另有中文碑文：“为中国的自由与独立，在解放东北作战中牺牲的苏军英雄们永垂不朽。1950 年 9 月 20 日。”碑座下面镶有铜牌，上刻中文：“苏军指挥部为纪念与日本帝国主义作战中阵亡的红军战士建立此碑，并于苏联伟大十月社会主义革命二十八周年纪念日举行祭奠典礼。一九四五年十一月七日。”碑的中下部南北两侧各有一幅苏军作战的浮雕，碑顶塑有两位苏军陆海军战士高举苏联国徽的雕塑。以此来纪念历史，缅怀为正义事业而献身的英雄。同学们，这座纪念碑凝聚着战友情，是为正义而并肩作战的最好见证！

尚志市烈士陵园 为缅怀赵尚志、赵一曼等革命烈士，记录他们的英雄事迹，1965 年经周恩来总理批准，尚志市建立了这座烈士陵园。在这座陵园内有珠河反日游击队纪念碑、烈士纪念碑、党和国家领导人及烈士后代题词和纪念碑 100 多座。陵园内还建有尚志抗日烈士纪念馆，建筑面积 1 250

平方米。纪念馆陈列内容主要包括赵尚志、赵一曼等革命烈士事迹，赵尚志率游击队木炮打宾州的半景画等，均给人以身临其境的感觉。同学们，这里是黑龙江省爱国主义教育基地和黑龙江省国防教育基地，2005 年 8 月，又被批准为全国“红色旅游”建设定点项目之一。置身其中你一定仿佛回到了过去，在深深地感受到厚重历史的同时，更感受到重任在肩。

侵华日军第 731 部队罪证陈列馆　位于平房区新疆大街 25 号，这里是原日军 731 部队本部大楼。陈列馆总面积 1 500 平方米，有 15 个展厅。大量的图证、物证、实证，都会向你深切地展现日军第 731 部队的血腥罪行，控诉那段罪恶的历史。

侵华日军第 731 部队罪证陈列馆是遗址性陈列馆，现保存较为完好的遗址有 23 处，是省级保护遗址。731 部队陈列馆现陈列厅使用面积 418 平方米、陈列照片 160 余幅、陈列罪证实物 70 余件和大量见证人的证言，这些证据都有力地证明了当年日本军国主义进行细菌战的罪恶活动。陈列馆记录了历史，警示着后人。看到这一切，你的心情一定会非常沉重，作为青年一代，我们不但要铭记苦难，更要力求奋发有为，以强国兴邦为己任。

中国人民解放军第四野战军辽沈战役前线指挥部旧址　位于双城市昌盛街。建于 1917 年，1969 年按原貌翻修。外有青砖围墙，占地面积 5 760 平方米。院内共有青砖灰瓦顶木结构硬山式房屋 35 间，分东西两院，东院为三合院，西院为四合院，两院之间有月亮门相通。其中东院为前线指挥部及后勤保卫人员住所，西院为司令部直属机关和通

讯枢纽部，有直通党中央和前线各纵队的电台12部。第四野战军仅在双城指挥作战的两年间，经历大小战斗、战役22次，并取得了令人瞩目的胜利，包括新开岭战役、三下江南、四保临江战役、夏、秋、冬季攻势等，辽沈战役作战计划也制订于此。

中共北满分局旧址 位于宾县教师进修学校院内，它朴素无华、淡雅沉静，占地面积2 537平方米，建筑面积265平方米。显而易见，旧址的主体建筑为中国传统的青砖、灰瓦平房建筑。旧址主要陈列1945年11月23日~1946年4月28日期间，以陈云同志为书记的中共北满分局在宾县工作时的办公用品和生活用品。整个展厅面积为100平方米，展出藏品为24件。这幢普通而又特殊的建筑，记载着那段风雨历程，记载着厚重的革命历史。

依兰四块石抗联遗址 位于依兰县丹清河风景区内，是东北抗联坚持抗日战争14年之久的最好见证之一。地处山林间，你不用细心寻找也会发现它鲜明的红色印迹。

同学们，你们知道吗？这里曾是东北抗日联军的秘密营地，抗联三、四、五、六、八、九、十一军都在这里活动过。由于地势险峻、易守难攻，抗联曾在这里召开多次重要会议，研究讨论东北抗日游击战争的重大问题。北满抗日联军总司令兼三军军长赵尚志、北满省委书记冯仲云、六军政治部主任李兆麟、五军军长吉东、省委特派员周保中、六军军长戴鸿滨、六军总参谋长冯志刚、北满省委书记黄诚植、北满省委组织部长张兰生等同志都曾在这里参加过抗日活动。

方正抗联英雄纪念地 位于方正东部地区大罗密镇西山抗联遗址，建于 2005 年抗日战争胜利 60 周年之际，是方正人民以崇高的敬意建成的具有永久性历史意义和纪念意义的抗联英雄群雕。这个纪念地具有厚重的历史背景，在抗日战争时期，东北抗联三军赵尚志、四军李延禄在方正东部地区建立了抗日根据地，并扩大了抗日游击区。为了永久性地纪念那些为民族解放而英勇献身的知名英雄和无名英雄们，为弘扬抗联精神，发扬革命传统，建成了这个抗联英雄纪念地。

木兰转山子抗联遗址 转山子抗联遗址位于木兰县建国乡境内，距木兰县城 35 公里。转山子是木兰县鸡冠山四座主要山峰之一。这处遗址是一处保存非常完好的抗联遗址。在战壕两侧，当年的火力点、隐蔽部、休息室的轮廓至今仍可清晰辨认。据史料记载，抗日战争时期，张甲洲部队曾与日本军队在此激战了三天。

体验活动

一、重走抗联路

“林海雪原上，星月冷刀枪。任凭几度风起，猎猎大旗扬，忍辱淡生死，负重卫家邦。自当枕戈睡，莫叫鬼猖狂。”

同学们，抗联英烈的事迹是否让你热血沸腾？为了那些难以忘却的纪念，让我们以徒步穿越的方式来缅怀先烈们，踏遍他们曾经战斗过和深深热爱着的白山黑水黑土地，探访革命足迹，学习革命先烈忠诚于党、忠诚于人民的崇高品质，学习他们不怕牺牲、甘洒热血的奉献精神。没膝的积雪，呼啸的山风，困难虽然在前，但我们可以选择壮怀激烈。同学们，让我们一道行走在抗联战士曾无数次踏行的路上，去感受抗联战士们曾经忍受的寒冷、疲劳、黑暗和饥饿吧！

注意事项：

1.一定要在家长或老师和专业向导陪同下进行，保证安全是首要的原则，出发前要学习必备的野外生存技能及自救自护知识。

2.集体行动时，注意发扬团队合作精神，互帮互助，共同面对困难。

3.装备和给养等应根据实际需要和个人体力做科学准备和适当分配。

4.体力分配要科学合理。一般而言，在上坡时可行进 30 分钟休息 5~10 分钟，下坡时每 60 分钟休息 10~15 分钟。

5.如遇到伤病或其他意外发生，整个活动计划必须作出相应调整，全体放弃前进或部分人带伤员撤退。

二、参观爱国主义教育基地

同学们，爱国主义教育活动中的情感性、主体性首先体现在同学们自觉自愿地参与，体验在于你们，收获也属于你们。在周末或假期，请你约上几名同学，去东北烈士纪念馆或其他爱国主义教育基地参观一下吧！

注意事项：

1.提前做好准备工作，如查好乘车的路线，开馆的时间等。

2.自觉遵守场馆的有关规定，如保持肃静、右侧通行等。

3.态度要端正，保持庄重的仪表举止，如有场馆讲解要认真聆听，以求触动心灵、净化灵魂、实现自我提升。

迷人的建筑文化

——凝固的音符　流动的史诗

同学们，当我们漫步在哈尔滨街头，抬眼望去，总在不经意间能够寻到欧洲中世纪建筑的浪漫，沉浸在中国古典建筑的典雅中，又被现代建筑的奔放冲击着。之所以建筑设计风格能呈现出多元化的特征，正是因为哈尔滨城市发展过程中出现的特定历史条件。哈尔滨是1898年由沙皇俄国在中国东北修筑中东铁路时而兴建的一座新型城市。特殊的历史背景使俄罗斯民族传统建筑文化、西方新旧思潮建筑文化和中国传统建筑文化在哈尔滨温和碰撞，交融共生，整合形成了独具特色的城市建筑文化。

哈尔滨建市的时候，正是欧美盛行折衷主义建筑的时候，所以历史留给哈尔滨的欧式建筑当中有16世纪文艺复兴式建筑、17世纪巴洛克建筑、18世纪的折衷主义建筑和19世纪新艺术运动建筑，式样繁多、数量也多，这些建筑体现了西方建筑的精华。博采众长的折衷主义建筑模仿历史上的各种建筑风格，自由组合成各种式样，所以被称之为“集仿主义”。然而哈尔滨建筑

虽然更多地反映出西方文化的痕迹，但也蕴藏着博大深厚的中华筋骨。譬如雕梁画栋的三中、古朴厚重的哈尔滨工程大学、青砖黛瓦的道台府等中式建筑，秉承了中华传统建筑的精华，点染出这座城市的另一抹绚丽。众多的建筑风格融合，使哈尔滨被称为建筑文化的历史博物馆，构成了世界性的丰富多彩的建筑文化的宝贵遗产。

百年中央大街

——欧式建筑博物馆

中央大街 始建于1898年，初称“中国大街”，1925年被改称为“中央大街”。北起松花江防洪纪念塔，南至经纬街，全长1 450米、宽21.34米。最为奇特的是中央大街路面全部为形似面包的方石铺就。中央大街是座欧式建筑博物馆，70多座风格各异的建筑充满了异国情调，五步一典，十步一观。

倘若你漫步在中央大街，一座座哥特式、巴洛克式、拜占庭式、折衷主义、新艺术运动和后现代等风格的建筑，在向我们袒露着哈尔滨人的情怀。下面就让我们走近那些著名的、极具特色的建筑吧！

马迭尔宾馆 坐落在中央大街89号，属新艺术运动建筑，是复兴时期路易十四式建筑，造型简洁、舒展、自由流畅。不同的色彩、不同的穹顶造型，显现出亲

切宜人的魅力，体现了西方建筑的精华。因其独特的建筑特色，许多影视剧都在此取景拍摄。

教育书店　建于1909年，原为松浦洋行，是哈尔滨市最大的巴洛克建筑代表作品，无论是从建筑修建的年代，还是建筑本身的艺术风格来看，都堪称是中央大街的标致性建筑。其外观华丽，造型生动，装饰复杂，轮廓丰富。

道里秋林商店　建于1919年，属新艺术运动建筑。建筑物主体三层，各层间以腰线分割，自上而下窗口逐渐缩小，显现出稳定感；画龙点睛式的一樘三心挟券圆形扁窗为新艺术运动建筑特色定了性。

百年积淀的文化底蕴，经久不衰的传奇故事，流光溢彩的迷人夜色，构成了人们心中浪漫、典雅、时尚的中央大街，吸引了大批游客一睹她的风采，中央大街也成了我们心中永远迷恋的情结。同学们，走在这条街、我们的言行也应该成为一道亮丽的风景线，不是吗？

教堂之城

哈尔滨市早年教堂林立，有“教堂城”之称。巴洛克式、拜占庭式、哥特式以及阿拉伯风格教堂建筑在哈尔滨比比皆是。走近这一座座教堂，在感受独特的宗教气息的同时，也能在绚丽的玻璃窗上，古老的墙壁上找寻到时光的印迹。

圣·索菲亚教堂　同学们可能都去过圣·索菲亚教堂，但你对它的历史了解吗？圣·索菲亚教堂是远东地区最大的东正教堂。始建于1907年

3 月,是沙俄东西伯利亚第四步兵师修建的随军教堂。1912 年改建成砖木结构教堂。1923 年 9 月,圣·索菲亚教堂易地选址进行第二次重建,由俄罗斯建筑师克亚西科夫设计,历时 9 年,1932 年落成。

1996 年经国务院批准，被列为第四批全国重点文物保护单位。1997 年,整修后的教堂改为哈尔滨市建筑艺术馆。

圣母无染原罪教堂 原名圣·阿列克谢耶夫教堂，坐落在南岗区果戈里大街。教堂是砖木结构,独特的洋葱头尖顶、透空的塔楼,外表是土红色的砖墙,钟楼、塔楼和天主堂上方各有一枚神秘的十字架,是典型的巴洛克式建筑。走近你会发现它结构复杂,墙面线角红白相间,与“洋葱头”穹顶形成了生动活泼的组合建筑体。

圣·伊维尔教堂 位于道里区工厂胡同。正面上方有大型鼓座，鼓座上有一大四小五个葱头顶,四个小葱头顶以大的为中心,分布在十字型端点。教堂呈希腊十字式格局，俄罗斯建筑风格,建筑外观巍峨挺拔(图为教堂原貌)。虽然历经百年,从墙上残存的雕饰上还依稀可以想像出她曾经的华贵与美丽！该建筑在“文革”期间遭到严重破坏,主体建筑上五

个“洋葱头”式的圆顶被拆除。圣·伊维尔教堂是哈尔滨现存最早的两座教堂之一,也是一座浓缩着哈尔滨历史的重要建筑。

现在这座教堂已经被列为保护建筑,修复及周边环境的综合整治工作正在进行。相信不久的将来，同学们就能欣赏到它卓越的风采了!

圣母守护教堂　又名乌克兰教堂，位于南岗区东大直街268号,它是罗马式建筑,也是希腊东正教教堂的基本样式。圣母守护教堂是中华东正教哈尔滨教会所在地，也是目前中国唯一一座正式对外开展宗教活动的典型拜占庭式建筑的东正教堂。在教堂内不仅供奉耶稣、圣母玛丽亚的圣像,还供奉着几十位圣徒的圣像。

哈尔滨市清真寺　位于道外区南十二至十三道街之间,是市一类保护建筑。正中间的望月楼在殿顶上有五个隆起的蓝绿色圆顶，一大四小，每个穹顶的顶端都高耸着一弯新月，是伊斯兰风格建筑的典型之作。阿拉伯建筑独辟蹊径,自成一派,与历史上任何民族的任何建筑都不相同。阿拉伯式建筑普遍采用券拱结构,这样就决定了它特殊的外形;彩色陶板或琉璃面砖的外部装饰,具有强烈的装饰效果。

如此众多的教堂、寺庙不仅建筑风格不同,而且宗教习惯也大为不同。当我们走近这些圣洁的地方时,驻足欣赏,赞叹不已时,也要尊重不同民族的宗教习惯与传统。

红墙碧瓦的中国风

哈尔滨城市建设伊始，在受到较多的西方建筑文化熏染下出现了中西融合共生的城市景观，并形成了以文庙、极乐寺中国传统建筑群为代表的历史街区。

倘若你乘车到哈尔滨市区，极乐寺、文庙、友谊宫、焊接所、力学所、第三中学等雕梁画柱、红墙碧瓦的中国传统式建筑会时常映入你的眼帘。

极乐寺 位于南岗区东大直街尽头，是黑龙江地区最大的近代佛教寺院建筑，也是东北三省的四大著名佛教寺院之一，与长春般若寺、沈阳慈恩寺、营口楞严寺齐名，并称为东北四大佛教之林，并居于四大佛寺之首。极乐寺始建于本世纪20年代，已经历了70多年的沧桑岁月。

占地面积57 500平方米，建筑面积3 000平方米的极乐寺，分为正院、东跨院、西跨院和塔院四部分。极乐寺的整体设计、形式布局和建筑结构，都保留了我国寺院建筑的风格和特点，主要建筑有山门、钟楼、鼓楼、天王殿、大雄宝殿、三圣殿、东西配殿等。塔院内设

有七级浮屠塔和圆寂比丘塔、五百罗汉堂、四十八愿殿等。七级浮屠塔呈八角七层阁楼式,锥体状,通身砖石结构,造型美观,玲珑秀丽。整个寺院金碧辉煌,威严肃穆。

极乐寺既是佛教信徒朝拜的圣地,又是全国汉族地区重点寺庙之一,更是中外游人观赏游览的胜地,在国内外享有很高声誉。

哈尔滨文庙 同学们,文庙是祭祀先师孔子的庙宇,在各地均有。哈尔滨文庙始建于1926年,占地2.3万平方米,是黑龙江省现存最完整的仿古建筑,也是东北地区最大的一座孔庙。

说起这座文庙,还有一段富有传奇色彩的故事呢!1926年的哈尔滨城区内,仅外国领事馆就有26个,各种西洋教堂也有20多座,整个城市无论是城市建筑风格,还是市政管理、文化教育、宗教法律等,都透着一股浓郁的“洋气”。在这种特殊的历史、文化背景下,时任东三省保安总司令的张学良将军为振奋民族精神,倡导修建哈尔滨文庙。从1926年开始建造,历经3年落成,张学良将军题写的碑记至今完好如初。整个结构为南北

向三进院落，属于典型的清代建筑风格。北京和曲阜孔庙大成殿仅为面阔 9 间，而哈尔滨文庙为面阔 11 间，在全国的孔庙中独一无二。文庙的主体建筑物，采用了我国庙宇建筑最尊贵的“黄琉璃瓦”，彩绘也使用了最高档的“金龙合玺”形式，这些都是帝王御用的建筑规格，属于皇家建筑，可以说文庙是哈尔滨的故宫。同学们，文庙还有如“没开正门之谜”的传说和“倒走状元桥”的民俗等待你们去了解。

历史的回眸

同学们，走在哈尔滨街头，你总会在不经意间“撞”见一座座饱经沧桑的独特建筑物，它们静默在街头，历久弥新，用无声的语言叙说着这座城市的历史，传递着哈尔滨独特的文化与品位。

圣·尼古拉教堂 俗称喇嘛台，曾经是哈尔滨最负盛名的东正教堂之一，已毁于“文革”时期。当年的圣·尼古拉教堂位于南岗中心广场（今博物馆广场）的正中央，这座精致玲珑的八面体教堂，其尖尖的帐篷顶，小巧的“洋葱头”以及阳光下变幻迷离的光影是如此的迷人，在任何角度观赏建筑都会获得良好的光亮效果。如今，同学们再也无法目睹其迷人的风姿，只能从照片中找寻昔日的繁华。

米尼阿久尔餐厅 曾是很闻名的一所历史建筑，因其建筑风格独特，成为太阳岛上的一道独特风景，带有明显的时代印痕。它曾经是太阳岛的地标，与太阳岛齐名，甚至成了太阳岛的一张名片，被列为太阳岛三大建筑景观之一。1997 年的一把大火，让一个时代的背影烟消云散,让哈尔滨人痛惜扼腕。

毛泽东视察黑龙江省纪念馆 即颐园街1号。1950年时,毛泽东主席出访苏联前在哈尔滨停留时,就居住在这里。来到这里,我们在感受伟人风范的同时,也会充分领略其建筑之美。

葡萄牙领事馆 建于1912年,砖木结构,造型精美,纹饰流畅,为仿文艺复兴时期建筑风格,现为省委机关第一幼儿园。

意大利领事馆 哥特复兴式浪漫主义建筑,位于颐园街顶端。

荷兰领事馆旧址 建于1921年,现位于红军街。

苏联领事馆 建于1924年,砖木结构。1924年北京政府与前苏联正式建交,同年即在此成立驻哈尔滨总领事馆,现为省文联。

华俄道胜银行 位于红军街,始建于1902年。这是一栋具有法国文艺复兴特色的优秀建筑,现为黑龙江省工商联合会。

哈尔滨联发街1号(南岗区博物馆)建于1904年,是俄罗斯花园式

住宅的代表作，具有鲜明的新艺术运动建筑风格。

同学们，走过沉淀了历史的建筑，仿佛穿越了历史触碰到了“中东铁路”修建时，外埠文化对哈尔滨的冲击波，饱尝了那段历史浸透出的艰辛与苦涩。今天，我们再次驻足观看，心中怎会不激荡起强烈的爱国情怀呢？

特殊的情怀

无声的建筑矗立在街头巷尾，也许你并未仔细地品读过它，甚至不曾驻足欣赏，但它们经过岁月的洗礼，早已和这座城市共同沉淀成哈尔滨人心头不解的情怀。

防洪纪念塔 说到松花江畔著名的建筑物，大家首先就会提到防洪纪念塔，它是为纪念哈尔滨市人民战胜1957年的特大洪水于1958年建成的。纪念塔由立体塔身和附属的回廊组成，塔高 22.5 米，塔基用块石砌成。塔身中部浮雕雕刻着防洪筑堤大军，从宣誓上堤、运土打夯和抢险斗争到胜利庆功等场面，集中描述了人们在防洪斗争中所表现出的英雄气概。罗马式回廊高 7 米，由 20 根擎天柱连成弧形相衬托。松花江水映衬着这座雄伟的防洪纪念塔，与美丽的太阳岛构成了一道驰名于世的壮丽景观。

中华巴洛克历史街区　哈尔滨道外区是历史悠久的老城区，地处哈尔滨市的中北部。在民族工商业的繁荣发展与外来文化的渗透之中，出现了一批受西方建筑文化影响的新建筑——“中华巴洛克”建筑，这种“前店后宅”的四合院式的民居商市建筑平面布局和功能是民族传统的，前脸立面造型则是“巴洛克”式的，而立面上的装饰图案又是民族传统的（蝙蝠牵着如意、牵着铜钱等）。这些保护建筑被称为“中华巴洛克”式建筑。

松花江滨洲铁路桥　是一座连接到太阳岛的气势雄伟且闻名遐迩的铁路大桥，被哈尔滨人亲切地称为“老江桥”。“老江桥”自 1901 年落成至今已经有 110 多年历史，它见证了哈尔滨的发展历史。

黄房子　在南岗区繁华闹市的腹地——花园街、联发街、海关街合围一带，有一片看来落伍、破旧的老房子，哈尔滨坊间称其为“黄房子”，它记录着有关中东铁路和哈尔滨开埠的悠久渊源。1898年，俄国人开始修建中东铁路，

为安置铁路员工和家属，分别在南岗花园邨地区和道里三十六棚修建了两处住宅区。住宅采用厚墙、窄窗、坡顶的单体俄式砖木结构，每栋房屋都自成院落，院内种植果木，有栅栏围护，呈现出浓郁的俄罗斯风貌。百年过去，如今三十六棚已不存在，花园街“黄房子”成为冰城开埠住宅的“最后一景”、开埠之初城市面貌的“活化石”。现在“黄房子”所在的花园街历史文化街区被正式命名为“哈尔滨·1898”，保护与更新改造工作正在开展。

消失的圣·尼古拉教堂、米尼阿久尔餐厅、圣·伊维尔教堂都已成为哈尔滨人心中挥之不去的遗憾了，保护历史建筑物、历史遗迹已刻不容缓。同学们，不破坏，不乱涂乱画，就是在维护我们身边这份不可复制的“美丽”！

现代建筑——城市未来之光

哈尔滨的街头建筑不仅有欧式的、古典的，也有现代的。同学们，你们看，一座座新地标拔地而起，就像城市上空跳动着的激昂的音符，合奏出哈尔滨奋进发展的新乐章。

龙塔　坐落于哈尔滨市经济技术开发区。集广播电视发射、旅游观光、餐饮娱乐、广告传播、无线通信、环境气象监测等多功能于一体的综合性多功能钢结构塔。塔高336米，总建筑面积16 600平方米，在钢结构塔中位居亚洲第一，世界第二。登上龙塔可以俯览冰城，体会“会当凌绝顶，一览众山小”的豪迈情怀！

哈尔滨国际会展体育中心 位于经济技术开发区东北部。建筑呈 U 字型布置，建筑群由三部分建筑组成，环抱中心广场。建筑整体造型气势恢宏、充满现代感，就像一艘巨型航母破浪前行。

哈尔滨中国木雕博物馆 坐落于群力新区。它的设计吸取了这座冰雪之城的自然形态，把两个不同艺术类型的展览空间融合在一起，仿佛一束在急速运动中被冷冻静止的水流凝固在那里。高亮的金属外皮与天同色与地相连，让人产生无限联想和要走入其中的冲动。

山水书城 位于群力第五大道，建设规模约 2.8 万平方米。山水书城是一家体验式书城，亦是一个以书为媒介的文化活动中心。同学们，找时间一起去书城看书吧！

松浦大桥 松浦大桥为斜拉桥，主塔塔高为 160 米，按每层 3 米计算有 50 多层楼高。作为飞架松花江南北两岸的哈尔滨“龙骨”，松浦大桥的通车使松花江两岸变成通途，极大地拓展了城市空间，对打造哈尔滨“半小时生活圈”具有里程碑式的意义。

体验活动

一、特色建筑推荐

看了这么多家乡富有特色的建筑你是不是也深深地被它们所折服了呢？还等什么，让我们行动起来吧！

1.挑上一两处你最喜欢的建筑去参观，仔细了解它的历史与风格，把你收集到的资料整理下来，和你的父母、同学和老师交流一下自己的感受吧！

2.如果要推荐哈尔滨的十大特色建筑，你认为哪十座建筑物能榜上有名？请你为你心目中的这十大特色建筑分别写一段推介词。

二、留住最后的美丽

随着“城市化”进程不断地推进，我们身边的一些富有特色的老建筑物正在逐渐消失。很多画家、史学家、建筑师、文学家、摄影家都在不同的角度上挽救着哈尔滨将要悄悄逝去的神韵。它们是城市历史的见证，让我们走上街头，拿起手中的相机为它们留下靓丽的身影，了解它们背后的故事，并广为宣传，呼吁人们珍惜和爱护这些老建筑，为我们的城市留住这些最后的美丽！

比如上面照片中的这座位于东大直街的“张氏墓塔”，它是从什么时候矗立在这里的？为什么而兴建？这里面有没有什么故事传说？如何更好地保存？

三、描摹哈尔滨

哈尔滨特异的建筑，为我们提供了可遇不可求的绘画素材，让我们拿起画笔，尽情描摹哈尔滨的建筑之美，将“凝固的音符”永远地珍藏起来，也许我们的作品也会成为哈尔滨值得骄傲和自豪的艺术珍品。

“冻”人的冰雪文化

——最爱那一城冰雪

哈尔滨是中国纬度最高、气温最低的省会城市，素有“冰城”美誉。哈尔滨的冬季寒冷而漫长，绵延流淌的松花江顿失滔滔。智慧、勤劳、勇敢的哈尔滨人化严寒为艺术、赋冰雪以生命，将千里冰封、万里雪飘的北国冬天演化成独具特色的哈尔滨冰雪文化。看！冰雪大世界的霓虹引领梦的天堂，雪博会的雕塑塑造爱的翅膀，冰雪中的哈尔滨母亲般地讲述着她如梦似幻的前世今生。

巧夺天工

冰灯　同学们可知道，冰灯有着悠久的历史，相传在明朝末年就已经有了冰灯。很早以前的松花地区居民，就已经在用冰抠出来的冰罩里点上蜡烛，在节日时放在自家门前，或者让孩子提着玩耍，用以增加节日气氛。现在的冰灯形式多样，已经成为哈尔滨的特色文化，不仅提升了哈尔滨的知名度，也使冰雪艺术走向了世界！

冰雕　同学们，冰雕也是雕塑艺术的

一种，是以冰为材料，利用各种工具在冰上雕刻，呈现出不同造型的艺术作品。艺术家们雕刻精细，力求轮廓鲜明，将一件件伟大作品呈献给世人欣赏。

雪雕 雪是上天送给哈尔滨人最珍贵的礼物，每年冬天，飘飘洒洒的雪花落在冰城大地。哈尔滨人热爱雪，便给雪赋予了生命。雪雕和冰雕相似，雪雕是以雪为主体雕刻出来的各种形状的艺术作品，将飞舞的雪花凝铸成栩栩如生的艺术创作。

玩转冰雪

哈尔滨冰雪大世界 是哈尔滨城市名片中最闪亮的一张，绝对是我们的骄傲。冰雪大世界将天下冰雪艺术精华及世界冰雪游乐活动汇为一园，造型大气磅礴，景致新奇优雅，素有“冰雪史诗画卷”的美誉。你看，那五彩的霓虹，正在向我们招手！

冰雪大世界每年精彩呈现的千余件活灵活现的冰雕作品、几十项冰雪娱乐活动，使哈尔滨冰雪大世界无愧于世界最大的冰雪主题游乐园的称谓。尤为值得一提的是“林海·雪原”户外冰雪实景演出和特色“冰秀”“欧秀”室内文艺演出，如果同学们

亲临现场，它的精彩呈现一定会让你如醉如痴。

太阳岛国际雪雕艺术博览会　同学们去参观过雪雕艺术博览会吗？哈尔滨雪博会是全国雪雕艺术的发源地，由于展出周期长，规模宏大，内容新颖，娱乐项目多样，被称为“世界上最大的冰雪狂欢嘉年华”。

它绝美的景观效果、丰富多彩的娱乐活动，让世界各地的游客走进雪博，都能感受到雪的奇妙和欢乐。

兆麟公园冰灯游园会　同学们，你们知道吗？早在 1963 年第一届哈尔滨冰灯游园会就已经在这里举行。游园会汇聚了哈尔滨艺术家们用松花江原生冰创作的艺术作品，他们用自己的高超技艺，雕塑出姿态万千的冰雕艺术结晶，组成错落有致、疏密有序的不同景区，形成步步有景、景景有典的冰雪园林，构筑了独具北国特色的冰雕艺术殿堂。

如今的兆麟公园冰灯游园会，已被国家旅游局列为全国 35 个“绝奇美胜”旅游景点之一，它的绝美呈现也带动了哈尔滨冰雪艺术的发展。

同学们，即使你只是走在哈尔滨的大街小巷，那如梦似幻、晶莹剔透的水晶宫阙，色彩纷呈、巧夺天工的仙山琼阁也会时时映入眼帘。

当然,我们在享受冰雪艺术盛宴的同时,还可以尽情参与体验冰雪娱乐活动,我们可以乘冰帆、玩爬犁、抽冰尜、溜冰滑梯,还可以观看冬泳表演、冰上赛车、冰上集体婚礼等等。

冷酷到底

冬泳 是哈尔滨的一项特色运动。每年立冬之后,便有大批冬泳爱好者,不畏严寒,聚集在室外水域,破冰入水。

冬泳不同于其他运动的意义在于具有独到的医疗效果,是集防病、治病、健身和抗衰老为一体的绝佳项目。冬泳运动也是对自我的极限挑战,它不仅体现了哈尔滨的特色文化,也能带给我们莫大的鼓励。每年冬天,都会有大批的人从四面八方赶来冬泳现场围观,感受冬泳带给人们的震撼和激情。

滚冰 滚冰习俗源于一个古老的传说。很久以前,松花江江神独角龙的女儿与村里一位捕鱼的小伙子相爱,并在村里过着幸福宁静的生活。好景不长,此事被独角龙发观,大年初一,独角龙大怒,用独角豁开江面,将龙女抓回江里,并要用瘟疫惩罚小伙子和村民。龙女不愿牵连他们,便托梦给心上人,告诉村民们正月十五的晚上到冰面上,左打九个滚,右打九个滚,就可以躲过瘟疫。于是元宵节晚上,全村人都按照龙女的方法照做,果真躲过灾祸。村民怕独

角龙再报复，便每年的正月十五晚上都到冰面上打滚，渐渐地形成一种独特的民俗延续至今。它寓意着一切不吉之气在江面上一滚，都被冰雪沾去，春天冰雪消融，晦气被河水冲走，从而祛百病、去污浊，求得一年健康平安，万事顺利。这也是我们崇拜自然、防灾免祸的一种美好想象。

国际冰雪集体婚礼　冰雪集体婚礼被称作冰雪民俗的塞北情韵，在大约零下三十摄氏度的室外场地举行，这个富有纪念意义的集体婚礼绝对让你美丽“冻”人。

冰雪集体婚礼因其形式新颖、魅力独特，浪漫神奇、别具情调形成了独特的魅力。每年都有世界各地的佳偶相聚在美丽的冰城举办冰上婚礼，以示纯洁，深表真情。迄今，在洁白冰雪的见证下，已有 1 026 对来自国内外的新人在冰上喜结连理。

冰上赛车　冰上赛车是哈尔滨冬季最炫的汽车运动项目。同学们快看！天然场地就设在冰封的江面，赛道内设置了 S 弯、T 型弯、发卡弯，中间和左右用雪墙维护，对车辆、人员无损伤。它不同于普通的赛车比赛，在冰上，赛车手们可以轻松地体验冰面漂移，是不是很过瘾？

冬天的哈尔滨犹如一幅绝美的画卷，静静地铺展在松花江畔，只待我们细细地翻阅和品味。同学们，让我们尽情感受这冰雪赋予我们的美好吧！

体验活动

同学们，看了这么多精美的图片和介绍，你是不是也按捺不住心中的兴奋了呢？让我们行动起来，你可以做一个自己喜欢的小冰灯、雪雕，或者去支爬犁、抽冰尜吧，我们这就出发，你准备好了吗？

一、制作冰灯

1.准备两个大小不一的铁皮桶，在两桶之间倒满水（为了美观我们可以把水调成我们喜欢的颜色）。

2.拿到屋外去冻，不能完全冻实。

3.拿回屋里加热，热到可以倒出里面的冰坨，冰坨就形成了中空的冰罩。

4.凿开顶心，安上蜡烛，就成了冰灯，很简单吧！

5.最后，我们可以用刻刀把冰灯雕刻出我们喜欢的形状或花纹。

二、抽冰尜比赛

1.我们来亲手制作一个冰尜。

①找一根直径5、6厘米的木棍，锯成高7、8厘米的圆柱形。②用刀在圆柱的上端刻一圈横槽，方便冰尜启动。③把圆柱下端削成半球形状，尽量使半球圆滑。④在半球底部钉上一个图钉，以减少与冰面的摩擦力。⑤在冰尜上填涂颜色或者在冰尜边上安上哨子，以增加冰尜的“美感”和“乐感”。当然还要做一个鞭子，把一根牛皮绳或者麻绳编成鞭子，拴在木棍上即可。

2.玩法：把鞭子紧紧地缠在冰尜的横槽内，另一只手把冰尜立在冰面上，然后用力拉鞭子，在冰尜转动期间时不时地用鞭子抽几下，使冰尜继续转动。

3.比赛规则:①冰尜制作精美者获胜。②冰尜在冰面上转动时间长者获胜。

三、支爬犁比赛

看看这张照片,你有过这般美好的回忆吗?我们也去畅享这份快乐吧!

选择平坦的冰面,坐在爬犁上,用划船的原理,双手握住钢钎,或者只是两根带尖的短棍,在左右支着冰道,使爬犁前行。

比赛规则:

分单人组和双人组,先到达终点者获胜。

骄人的音乐文化

——城市乘着歌声的翅膀

说起哈尔滨的音乐,相信所有哈尔滨人对此都有着别样的情怀。也许,同学们还未曾了解,哈尔滨是世界“音乐之都”,中国第一支交响乐团诞生于此,百姓家庭拥有的钢琴数量全国最多;这座音乐之城培养了金铁霖、刘学清、李双江等音乐名家;群众广场演出随处可见。音乐早已融入到哈尔滨人的血液之中。

“哈尔滨之夏音乐会”就是这座“音乐之都”最具魅力的代表。从1961年第一届到现在,已成为中国举办时间最长、届次最多、最具国际影响力的音乐盛会。同学们,让我们乘着歌声的翅膀撷取哈尔滨音乐之城的星辉。

音乐回响

哈尔滨的音乐史可以追溯到一个世纪以前,19世纪末,修筑中东铁

路的俄国人沿松花江来到这里。他们不仅运来了大量铁路器材，也把第一架钢琴运抵哈尔滨。从此,这座城市的上空第一次响起了悦耳的钢琴声。1909 年,这里举办了开埠以来的第一次交响音乐会。一个多世纪以来，在这座城市里举办的各种音乐会难以计数。当关内移民和欧洲大陆移民涌入哈尔滨的同时,二人转、民歌、大秧歌、东北大鼓,交响音乐、歌剧、芭蕾舞也流入了这座松花江畔的美丽城市,走进了哈尔滨人的生活。岁月把一切都变成历史,只有音乐却在心中创造着永恒。在哈尔滨,每一幢建筑、每一条街道、每一个庭院,甚至每一个人,都与音乐形影不离,结伴而行。

迷人的哈尔滨之夏

最初的“哈夏” 松花江水伴着琴声,和着歌声缓缓流向远方。这流淌的江水,正如一串串流动的音符,荡漾着“哈夏”永恒的旋律。1958 年 8 月,哈尔滨人首先举办了“哈尔滨之夏”音乐活动月,它为哈尔滨之夏音乐会奠定了基础。

“哈夏”的成长 1960 年,我国著名女高音歌唱家张权被下放到黑龙江。第二年春天,张权就在哈尔滨的舞台上演了一场盛况空前的个人演唱会。当忍受饥荒之苦的哈尔滨观众们为张权报以长久而热烈的掌声的时候,她的音乐生命“复苏”了。1961 年，她向哈尔滨市政府递交了提案，建议创办“哈尔滨之夏音乐会”，使哈尔

滨成为中国的萨尔斯堡、中国的维也纳，这个建议很快被采纳。第一届“哈尔滨之夏音乐会”于 1961 年 8 月 5 日在哈尔滨青年宫开幕。“哈尔滨之夏音乐会”的诞生，标志着哈尔滨从此有了属于自己的音乐节日。

1962 年 7 月 13 日晚，由辽、吉、黑三省联办的第 2 届“哈尔滨之夏音乐会”在哈尔滨青年宫隆重开幕。从此，“哈尔滨之夏音乐会”以其广泛的群众性规模和较强的专业性实力独领北国乐坛之风骚，与当时的“上海之春”“羊城音乐花会” 并称为中国“三大音乐节”。

历经了十年动乱，“哈夏”整整空白了 12 年，但哈尔滨人追求音乐的梦想和脚步并没有停止。自第 22 届哈尔滨之夏音乐会起，一年一度的“哈夏”变成了两年一届，并且在内容、形式、参与人员等各方面进行了独具匠心的创意。

至今哈尔滨之夏音乐会已成功举办了 32 届，走过了 52 年的历程。回望“哈尔滨之夏音乐会”的成长历程，就像一部雄浑的交响乐章的创作过程，从一个音符到最终成为作品，每一步都坚实有力。

“哈夏”——百姓的舞台 “哈夏” 丰富的活动及内涵越来越受到百姓的热烈欢迎。全市的各个区都为百姓搭建了自我展示的广场舞台。

从幼儿园的孩子到退休职工，各年龄段及各行各业的业余文艺团体，都自信地站在哈夏的舞台上一展风采。参与演出的团队近百支，每年演出200场以上，观众达上万人次，极大丰富了哈尔滨人的业余文化生活。

如今的哈尔滨犹如一座音乐花园。每年的哈尔滨之夏音乐会都会奏响夏日的序曲，美丽的松花江畔、浪漫的百年老街、凉爽的街心花园、热闹的休闲广场……处处音韵流动，乐丝飞扬。

“哈夏”的魅力 “哈夏”是哈尔滨百姓自我展示音乐素养的舞台，是专业的音乐文化盛宴。自首届哈尔滨之夏音乐会，涌现出郭颂、李高柔、李广仙、冯少先、王双印等优秀演员，《新货郎》《越走越亮堂》《大海航行靠舵手》等歌曲也蜚声全国。之后的哈夏更是吸引了越来越多的国内外知名音乐人和艺术团体登台献艺，使观众尽享了一场场高雅的艺术盛宴。哈夏音乐会让哈尔滨走向国际化与世界接轨。2010年6月22日，哈尔滨被联合国教

科文组织授予“音乐之都”的称号，联合国副秘书长沙祖康亲自授牌。沙祖康表示，之所以授予中国哈尔滨为“Music City”，是因为哈尔滨这座城市具有百年的音乐传承历史，音乐是哈尔滨这座城市的固化品牌。

自 2011 年开始，哈尔滨市群力新区陆续建成的音乐长廊、音乐主题公园、音乐谷和即将建成使用的哈尔滨音乐厅，还有位于哈尔滨市松北区即将建成并投入使用的哈尔滨大剧院，更是处处彰显着冰城哈尔滨“音乐之都”的美誉。

哈尔滨之夏森林音乐节

“哈尔滨之夏森林音乐节”始创于 2009 年，以森林为载体、音乐为手段、品牌为支撑，是将艺术性、趣味性、知识性、休闲性融为一体的世界上第一个森林音乐节。人们围绕森林音乐节中大小不同的主题，进行快乐森林、生命旋律、水木清华和梦幻田园等主题演出；开展森林交响乐、森林寻宝、篝火派对、假面舞会、主题晚会等丰富多彩的活动，尽情享受着森林风光，感受着“哈尔滨之夏森林音乐节”的魅力。

“森林音乐节”的举办令中国音乐界耳目一新，它将音乐文化与旅游文化相结合，使哈尔滨之夏的音乐活动更加丰富、独特。

音乐是哈尔滨浪漫品质的表达，是哈尔滨活泼性格的外露，更是哈尔滨人一种不可缺少的生活方式。哈尔滨将音乐艺术的璀璨光辉呈现给了世人。哈尔滨——“音乐之都”实至名归。

体验活动

一、邀您鉴赏

1.同学们，你们知道音乐故事《伯牙学琴》和《音乐与战争》吗？让我们共同欣赏这两个故事。从故事中你体会到了什么？能说说音乐对人和社会发展有什么影响吗？

附：《音乐与战争》

2.请你选取一首或几首自己喜欢的乐曲（也可以是歌曲）。首先，闭眼聆听，感受音乐表达的含义。然后，与同学交流、分享对音乐的感受。如果你陶醉其中，那就随着音乐自由舞动吧，用你的肢体语言表达音乐给你带来的感受。

二、设计森林音乐节主题活动

请你为森林音乐节设计一个独特、新颖、有趣的主题活动，要突出丰富的音乐内容。设计好的策划书可以推荐给你的学校，让学校组织我们一起参加你策划的森林音乐节主题活动！（设计提示：活动主题、活动时间、活动地点、参加人员、活动内容、活动顺序、活动规则、活动中注意事项等。）

三、《音乐游戏——机器人》

活动目标：1. 学习机器人走路、跳舞的姿态（手、脚伸直，动作僵硬），感受不一样的节奏不一样的身体语言。2.能大胆合作创编，体验音乐的节奏感和游戏的愉悦。

活动方式：

（一）听乐曲、做动作。1.聆听节奏感很强的音乐，熟悉乐曲的节奏和旋律。2.听乐曲学做机器人的基本动作（可以有老师引导，也可以看录像）。

（二）创编动作，自定规则。1.创编机器人劳动等动作。2.感受音乐和动作之间的关系。3.想一想，音乐游戏应该有什么规则，机体可以怎样玩。

（三）明规则，做游戏。1.群体明确游戏规则（可以分组做动作，在规定时间内比较哪一组编排的动作多，更有节奏感）。2.邀请一名“裁判员”，进行游戏。3.说体验，继续玩。

醉人的啤酒文化

——岁月流转　情怀依旧

啤酒对于哈尔滨人来说绝不是可有可无的，几乎是伴城而生的啤酒文化，早已融入这座城市的骨髓。毫不夸张地说，啤酒在哈尔滨是精神和生活的象征，哈尔滨人习惯于在畅饮中品味人生。“哈尔滨人从来没有将啤酒当成一种真正意义上的酒，啤酒在哈尔滨人的心目中，仅仅是一种有品位的饮料而已”，作家阿成曾这样描述冰城人对啤酒的态度。

中国最早的啤酒

啤酒传入哈尔滨已经有110多年的历史了，在时光的淘洗中，哈尔滨的啤酒文化已经成为城市的标志，让纷至沓来的游客，深切感受到这座城市的文化脉动。1900年，俄国商人乌卢布列夫斯基在哈尔滨开办了中国第一家啤酒厂——乌卢布列夫斯基啤酒厂，并正式生产“哈尔滨啤酒”。第一次闻到这种“洋酒”味道的中国老百姓呼之为“马尿”，咧着嘴敬而远之。战争的硝烟没能遮盖哈尔滨啤酒蓬勃的生命力，几番易帜也并没有动摇哈尔滨啤酒酿造佳酿的决心，历经百年沧桑和波折困顿，风雨飘摇中哈尔滨啤酒顽强地生存了下来。

百年荣光

“岁月流转，情怀依旧”，百年哈啤凝聚了几代哈尔滨人的复杂情感，拥有着无数忠诚的“粉丝”。一直以来，哈尔滨的啤酒消费量，遥居全国各大城市之首，人均啤酒饮用量占中国第一。和世界闻名的啤酒城相比，哈尔滨仅次于德国的慕尼黑和法国的巴黎，城市啤酒销量居世界第三位。事实上，哈尔滨人纵情豪饮的风度使德国慕尼黑啤酒节上的巴伐利亚人也黯然失色。

经过百年历史的沉淀，哈尔滨啤酒披荆

斩棘留下一身荣耀。哈尔滨啤酒现有30多个中高档产品品种，这些产品均获得了诸多的荣誉。如“中国公认名牌”“黑龙江省首届啤酒精品”“97消费者心中十佳理想品牌”“国家名牌产品”“97中国首届名优商品博览会金奖”“哈尔滨市民最喜爱的商品”第一名等荣誉称号。2013年，以高达6亿美元的品牌价值，首次入选2013年度BrandZ最具价值中国品牌50强！

文化的演绎与传承

哈尔滨啤酒节　1988年夏，哈尔滨第一届国际啤酒博览会与慕尼黑啤酒节同时开幕，作为文化载体的啤酒，在这里成为人们社会交往、信息沟通和商品贸易的文化纽带。30多年来，哈尔滨啤酒文化活动把哈啤的“历史、沧桑、经典、现代、激情、年轻、活跃”等品牌因子逐渐地演绎出来，进一步丰富着哈啤的品牌内涵。哈尔滨啤酒节也以自己特有的方式在潜移默化中浸润着哈尔滨的城市文化。

现在，哈尔滨啤酒节已经是集品牌啤酒文化、商品交易和群众性文化娱乐活动为一体的大型国际啤酒盛会。每逢盛会，哈啤形象包装的古典马车拉酒桶巡回展示、啤酒文化展、俄罗斯歌舞表演、布鲁斯等风格乐队弹唱演出、哈尔滨之夏万人同饮活动、畅饮啤酒大赛、商品展销等一

系列的活动，让这座城市在娱乐互动的愉快体验中得到无限的升华。哈尔滨啤酒赋予了哈尔滨灵性与豪气，彰显了城市独特魅力。哈尔滨国际啤酒节正是以这种古典与现代、激情与浪漫而举世瞩目。

哈尔滨市正充分挖掘啤酒文化内涵，丰富啤酒文化活动，使之成为哈尔滨市旅游产业的重要支撑点，不断扩大啤酒节和哈尔滨城市的知名度和影响力。

哈尔滨世界啤酒文化一条街 它的创建是哈尔滨可持续发展战略系列工程项目之一。构想中的哈尔滨世界啤酒文化一条街，应以世界啤酒文化为灵魂，同时荟萃音乐文化、建筑文化、园林文化、寒地文化、旅游文化，吃、住、行、旅游、娱乐、购物等配套设施完善。在此不但能够品尝到世界各地的优质啤酒，享受世界啤酒文化给人类带来的愉悦，还能够给人们丰富的休闲体验。概念中的哈尔滨啤酒文化一条街上应该有各国各地区啤酒馆上百家，设有啤酒博物馆、啤酒城堡、啤酒花园、啤酒喷泉(冬季为冰雕)、啤酒广场、啤酒人物雕塑、啤酒配套工艺展示、国际啤酒文化研究中心、啤酒研究所、啤酒音乐茶座、啤酒店、啤酒

用品店、啤酒网吧、啤酒氧吧、啤酒爱好者俱乐部、啤酒马车、啤酒饮酒赛场、啤酒演播厅、啤酒广告制作中心、啤酒广告系列、啤酒灯饰系列、啤酒小品建筑、啤酒书刊杂志店、啤酒文物店等各项各样的啤酒文化设施载体。

哈尔滨啤酒博物馆 利用哈尔滨啤酒厂内三栋具有保留价值的历史建筑改造建设，同时拆迁沿油坊街部分棚厦。建啤酒博物馆，人们可以了解“哈啤”的悠久历史和独特的企业文化，可以参观与啤酒有关的老建筑物、老设备及车间环境、生产场景，可以品尝多种不同口味的新鲜哈尔滨啤酒。

体验活动

同学们，饮酒对青少年的生长发育会造成很多不良影响，但我们可以充分去了解啤酒生产工艺和流程。让我们一起走进啤酒生产车间或啤酒博物馆参观了解啤酒是怎么生产出来的吧！

第一道工序：制麦______________________________

____

第二道工序：糖化______________________________

____

第三道工序：发酵______________________________

____

第四道工序：过滤______________________________

____

第五道工序：杀菌________________________________

____

第六道工序：罐装________________________________

____

最后还要进行多次安全质量检查。原来好喝的啤酒是这么酿造出来的，以后有人问你啤酒是怎么酿造的，你就可以轻松地回答他们了。甚至条件允许情况下，我们自己也可以酿造出好喝的啤酒！

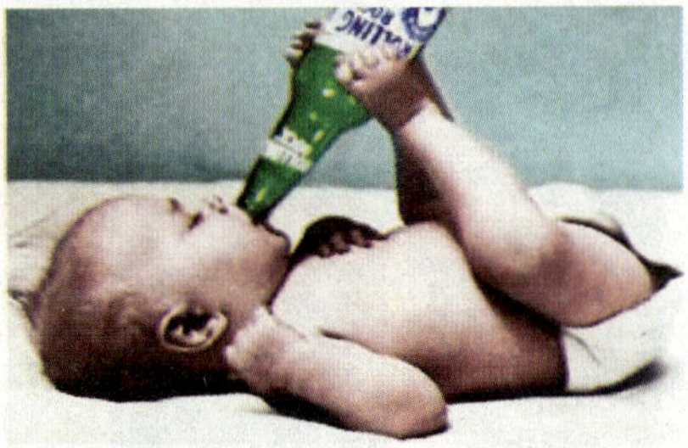

如果感兴趣，再深入了解一下纯生啤酒、生啤酒、干啤酒、冰啤酒、低(无)醇啤酒、绿啤酒、黑啤酒、全麦啤酒、小麦啤酒等等各是怎么一回事；了解一下醇厚、干爽、清爽、冰纯等口味的啤酒酿造工艺有何不同；了解一下低浓度型、中浓度型、高浓度型啤酒麦芽汁浓度和酒精含量分别是多少，各有什么优缺点。最后，为爸爸推荐几款你喜欢的啤酒吧。

多元融合的新文化

——人文荟萃　兼收并蓄

哈尔滨这座城市虽坐落在冰寒的塞外，但深受中华文化的滋养与外来文化的熏染。哈尔滨成为现代城市的历史仅仅 100 多年，却以开放、包容的姿态迎接着奔她而来的人们。特别是随着中东铁路建设，工商业及人口开始在哈尔滨一带聚集，从此这片古老而宁静的黑土地开始热闹起来。在这个汉、满、回等多民族聚居的土地上，本土文化与外来文化碰撞、冲突，又在矛盾中融合，在融合中发展，形成了哈尔滨独特的人文风景 。

闯关东

从 17 世纪中叶到 20 世纪初近 300 年的岁月长河里，山东、河北、陕

西、河南等地的几千万贫苦农民，饱受天灾人祸以及官府压榨之苦，为了继续生存下去，他们闯过了清政府设置在山海关一线的柳条边墙，来到地广人稀的关东三省谋生，哈尔滨也是他们落脚的一个地方。“闯关东”浪潮的叠起，也意味着中原文化向关东地区大规模挺进，文化融合也就进入了一个新阶段。如今约80%的哈尔滨人有山东基因，他们大都拥有两个家，一个是生于斯长于斯的家，一个割舍不断的“关里家”。近 300 年声势浩大的“闯关东”给哈尔滨的发展带来了深刻影响，大大促进了哈尔滨农业、工商业、交通运输业的发展，也促进了汉族与东北少数民族的融合，升华着伟大的民族精神。“闯关东精神”可谓感天动地，它的凝聚力和生命力，就在于一个“闯”字——向陌生的地方“闯”，向艰险的地方“闯”，向有希望的地方“闯”。在“闯”中探索，在“闯”中成熟，在“闯”中成长，在“闯”中壮大。我们现在的生活，虽然已经发生了翻天覆地的变化，但仍然需要这种闯关东精神。因为社会进步的动力，就在于“闯”和“创”。

位于哈尔滨市群力南岸文化广场内，有一条室内仿古步行街，将关东文化还原，带领人们穿越百年，回到“闯关东”时期。

关东古巷　占地面积约 5 500 平方米，建筑面积 9 200 平方米，由乡野风情区、院落风情区、民族风情区、特色小吃区及演艺区、关东特色艺术品街“五区一街”组成，楼顶的女儿墙，或是高低起伏、错落有致的实

体墙，或是整齐排列的立柱长廊，或是通心雕刻的联体，或是十几个分布均匀的大的造型，都展示着哈尔滨早期的民俗历史文化。

关东古巷街尾，就是个大舞台——关东大戏台，每天上演着不同的关东舞蹈。在这里不用买票，就可以免费看一场场的东北传统戏目。

在古巷内还有龙江特色展示区，可以看到豆腐、豆浆制作的全过程，还可感受到浓郁的赫哲风情，还可以品尝各色关东美食。

关东古巷里有我省八大非物质文化遗产：膏药制作、方正剪纸、角雕工艺、麦秸画、女真火匏、青牛葫芦、绥棱黑陶、满绣工艺。这些非物质文化遗产的老艺人们在古巷内现场献艺，表演绝活。

一座火车运来的城市

哈尔滨的形成和发展离不开一条铁路，这条铁路就是中东铁路，了解哈尔滨的历史要从了解这条铁路开始。中东铁路是“中国东清铁路”的简称，因此亦称作“东清铁路”“东省铁路”。中东铁路以哈尔滨为中心，

西至满洲里，东至绥芬河，南至旅顺。1896 年至 1903 年，随着中东铁路建设，工商业及人口开始在哈尔滨一带聚集。铁路打破了这里的宁静，金发碧眼的洋人、各色的教堂、西洋的建筑，一起涌入了这里，成了洋人的城市。中东铁路建成时，哈尔滨已经形成近代城市的雏形。20 世纪初，哈尔滨就已成为国际性商埠，先后有 33 个国家的 16 万余侨

民聚集这里，19 个国家在此设领事机构。

火车站　位于哈尔滨香坊区香站街的“香坊站”是哈尔滨第一座正式的火车站，建设于 1898 年，当时称为哈尔滨站，后又改为老哈尔滨站，日伪时期改称“香坊站”，这里是哈尔滨铁路的发源地。

1902 年哈尔滨站筹建，当时的车站名叫秦家岗。秦家岗三字雕刻在候车室的楼上。1903 年 7 月(清光绪二十九年六月)，中东铁路全线正式通车运营，将秦家岗站改称哈尔滨站。哈尔滨站舍于 1904 年(清光绪三十年）年底竣工，为俄罗斯建筑风格，使用面积 2 700 平方米。中华民国和东北沦陷时期，基本没有变化。中华人民共和国建立后，1960 年 3 月，将哈尔滨站原站舍拆除，在原址重建。因 1961 年缩短基本建设战线，到 1962 年只完成新站舍的两翼工程。1982 年开始扩建站台、站舍和行李房。1989 年 10 月 1 日，哈尔滨新站舍全部建成。其他如滨江站火车站等就不一一介绍了。

铁路系统　伴随着铁路的发展，铁路配套设施逐渐完善，很多部门——中东铁路管理局大楼（1902 年德尼索夫设计）、中央医院(1900 年)、

旅馆(1902 年)、莫斯科商场(1906 年)、商务学堂(1906 年)、电话局(1907 年)、督办公署(1910 年)、俱乐部(1911 年)以及各类住宅、公馆等纷纷成立,对哈尔滨的发展起到了重要作用。

铁路线划分市区 哈尔滨的城市规划始于 1899 年，以在市内呈丁字形相交的铁路线把城区分为若干区。主城区由三个区组成。沿松花江边有两个区,以中东铁路过江大桥为界,界西为道里区(最初叫埠头区),界东为道外区(最初叫傅家甸)。在道里和道外区的南端是一条与松花江平行的宛如龙脊的黄土高坡,坡上是南岗区(最初叫秦家岗,俄国人称为新市街)。道外区是中国人聚居的市区,道里区是中国人和俄国人混居的市区,南岗区主要是俄国人聚居的市区。

铁路的发展把俄罗斯文化引入了哈尔滨,在建筑、教育、文学艺术、饮食服饰、语言等许多方面都留下了俄罗斯文化的符号。俄国人修建了众多的欧式建筑包括许多教堂;开办过 69 所中学和若干工、农、商、师、医、药、法、音、艺术等专科学校;哈尔滨人的服饰在许多细微之处,都能见到俄罗斯服饰文化悄然渗透的痕迹;已经举办几十届的“哈尔滨之夏音乐会”离不开俄罗斯人早期的熏陶。哈尔滨也因为这些异域的文化符号,而变得更加精致多彩。

曾经的铁路记忆,早已镌刻在城市的血脉中,铁路博物馆的兴建,表明了城市对铁路功绩的缅怀和纪念。铁路的历史资源被整合、被珠联,能充分展示冰城近现代文化脉络,因为对哈尔滨而言,铁路、火车的意义是如此与众不同。

犹太人在哈尔滨

从 19 世纪末中东铁路修筑的最初日子开始，犹太人就同哈尔滨紧密联系在一起。大批犹太人随着三次大规模的迁徙来到哈尔滨,哈尔滨一度成为远东地区最大的犹太人聚居中心，从 1899 年第一位俄籍犹太

人萨·伊·别尔采里迁居哈尔滨，大约两万犹太人先后在这里生活。

在哈尔滨，犹太人不仅远离敌视和迫害，还感受到哈尔滨人民的友善和受到哈尔滨人民的帮助。犹太人组成了生机勃勃的社区，积极参与到城市的发展之中，犹太人在采矿、冶金、金融、流通、宾馆、林业、面粉、制油、酿酒、制糖、烟草、建筑、印刷、出版、仓储、运输、畜牧等行业中创办了众多企业，克罗尔和索斯金家族的面粉业、索斯金船务公司、齐克曼的制糖厂、斯基德尔斯基的煤矿、考夫曼的果汁工厂等等，这些企业为哈尔滨近代工业的发展奠定了重要基础。其间，犹太人开创了中国大豆输出欧洲的历史先河，当时在哈尔滨及中国东北从事西药贸易的几乎全是犹太人，哈尔滨成为中国最早引进西药的城市之一。

20世纪上半叶，积极在哈尔滨从事各类文化活动的犹太人，引进了欧洲的社会科学、文学艺术及自然科学的最新成果，促进了西方文化和先进的科学技术在哈尔滨乃至中国的传播。西方的教育、新闻、法律、哲学、科技、医药、电影、音乐、绘画、体育等，很多都是经哈尔滨这一窗口，最早或较早传入了恰值

激烈变革时的中国。犹太人在经济、科学和艺术等方面涌现出一大批杰出的人才。哈尔滨第一音乐学校 V.D.特拉赫金贝尔格(左)等组成的弦乐四重奏珠联璧合,闻名东亚。

如今,哈尔滨犹太人及其后裔遍布世界各地。他们视哈尔滨为其再生之地,他们十分关注哈尔滨的城市建设、经济和科技的发展,一些年已古稀的老人把能再回哈尔滨看一看作为最大的愿望,他们也希望他们的子孙后代能为哈尔滨的发展作贡献。

犹太人在哈尔滨,是这个城市不能割断的一段历史,他们在这个城市留下了勤劳和智慧,留下了文化气息,留下了抹不去的印迹,为哈尔滨独特文化和城市风格的形成作出了不可磨灭的贡献。

在哈尔滨,至今依然风韵犹存的犹太新会堂、犹太总会堂等哈尔滨犹太文化遗址遗迹和犹太人公墓,都告诉我们几十年前的历史,犹太人在哈尔滨这座城市的履迹依稀可见。

哈尔滨犹太人公墓 公墓始建于 1903 年,原址位于哈尔滨市太平区太安街。墓地完全按希伯来教规埋葬死者,设有教堂、休息厅和办公室,墓地周围建有两米高砖墙,正面向南有方形尖塔式高楼,被称为“犹太公墓”。1958 年,哈尔滨将犹太墓地迁到市区东郊的皇山,占地 836 平方米,现保存坟墓 605 座。1977 年,哈尔滨出巨资修复墓地,建立了甬道、围栏、门厅和看守屋等,由皇山公墓管理处负责管理。

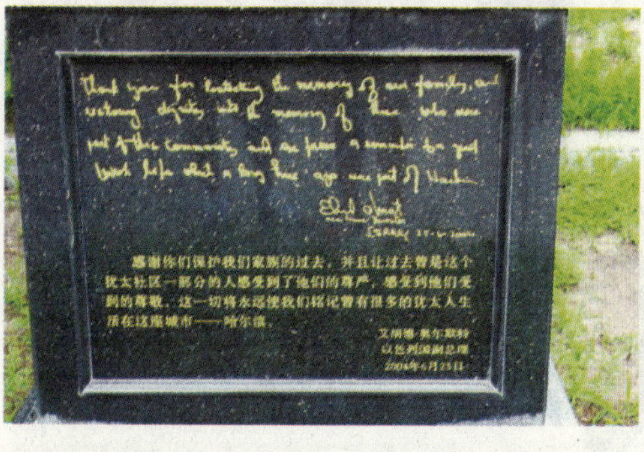

现存墓地中,有当年活跃在哈尔滨的著名企业家、市政管理者、音乐家、作家、演员和银行家的墓穴,安葬着以色列前总理拉宾的亲属,哈尔滨犹太人的精神领袖亚伦· 吉塞列夫以及当年哈尔滨犹太宗教公会会

长亚·考夫曼的亲属们。

公墓管理部门建立了完整的档案并且开通了哈尔滨犹太人公墓网站，用中、英、俄三种文字对照显示碑文，对犹太墓区进行编号排列，并附有墓位照片。

现在，世界各地的哈尔滨犹太人及其后裔可以通过网站去寻找自己亲友的墓位。哈尔滨犹太人公墓吸引越来越多的哈尔滨犹太人及其后裔回到哈尔滨寻根、祭祖，每年返回的都有百人以上，近年来，来此为先人扫墓的犹太人逐年递增。

马迭尔宾馆 矗立在中央大街中段占了整整一个街区的马迭尔宾馆，是大街长盛不衰的标志之一。马迭尔宾馆的创始人约瑟·加斯普，本是俄籍犹太人，中东铁路开工之初来到哈尔滨。正值哈尔滨开埠、洋人大批涌入之际，这位颇富经营头脑的犹太人，锐敏地发现了新的商机，不久，由他投资兴建的取名为Мопери(音译马迭尔)富丽堂皇的宾馆，便在中央大街上耸立了起来。马迭尔宾馆的诱人之处，还在于为它配套的马迭尔餐厅的俄式大菜，使人流连忘返。我国著名散文家朱自清旅哈期间，就曾光临一次，印象颇深，大有作“回头客”之意，在给叶圣陶先生的信中还专门提及此事。如今的马迭尔宾馆美丽依然，香软可口的马迭尔面包、香甜爽口的马迭尔冰棍至今仍是哈尔滨人喜爱的食品。

华梅西餐厅 1925 年，俄国犹太人楚几尔曼，在哈尔滨道里西八道

街上创建了一个主要经营俄式西餐茶食的餐厅，在当时很受欢迎。1957年合营，迁址到中央大街112号，成为国营企业，改名为华梅西餐厅。华梅西餐厅以经营俄式大菜为主，受到了国内外宾客的赞誉。

新文学

东北的新文学始自20世纪初的资产阶级启蒙运动，全面发展于五四新文学运动期间，具有独特的发展轨迹与特点。最早沙俄中东铁路局在哈尔滨创办中文报纸《远东报》。哈尔滨这块土地上，诞生和成长了著名女作家萧红和以萧红为代表的30年代左翼作家群体。而作为全国解放最早的大城市，1946年，来自延安的作家曾在此从事文学创作，周立波的长篇小说《暴风骤雨》就写于哈尔滨。新中国成立后，又有丛深、林予、乌白辛、王书怀、朱彩斌、韩统良等作家在哈尔滨生活和创作，从哈尔滨走出的作家陈屿的《夜幕下的哈尔滨》影响巨大。特别是改革开放后的新时期，良好的文学创作环境，又相继催生出梁晓声、贾宏图、蒋魏、阿成、张抗抗、李方元、陈明、何凯旋以及已故的刘子成、孙幼忱等作家，他们对哈尔滨的文学充满感情，我国的新文学史上也留下了他们的名字。

文学洛神萧红 萧红1911年生于呼兰县(现为呼兰区)。她被誉为“30年代的文学洛神”，是民国四大才女之一，也是一位传奇性人物。她是民国四大才女中命运最为悲苦的女性，有着与女词人李清照那样的生活经历，并一直处在极端苦难与坎坷之中，可谓是不幸中的更不幸者。她出生在一个封建地主的家庭，然而她却以柔弱多病的身躯面对整个世俗，在民族的灾难中，经历了反叛、觉醒和抗争，她一次次与命运搏击。在萧军的影响下走上创作道路，在鲁迅先生的支持下，创作出了许多优秀的作品，代表作

有《生死场》《呼兰河传》等。

萧红故居　是萧红的出生地，现辟为萧红纪念馆，1986 年定为省级文物保护单位。故居为清末传统八旗式住宅，青砖青瓦，土木建造，修复后的萧红故居青砖院墙，院门面东而开，正门门楣上悬“萧红故居”横匾。东屋两间，是萧红出生和她父母居住的屋舍，在屋舍内摆设着萧红曾用过的小饭桌、梳妆台、躺箱、茶桌等。西屋两间作为展室，墙上展示着萧红生前的照片和中外名人参观萧红故居的留影，以及与萧红共同战斗过的老作家萧军、端木蕻良、舒群、塞克、罗烽、白朗等人的墨宝。

体验活动

一、参观关东古巷

1. 了解闯关东的历史，绘制闯关东人行走的路线图。

2. 用素描笔绘制关东古巷的平面图，并标明各个区域。

3. 看一场关东戏，了解一下关东戏曲文化。

4. 品尝关东特色饮食，了解关东饮食特色，并概括饮食特点，分析饮食与地域的关系。

二、哈尔滨文学作品品读

同学们，读书是成长的基石，是精彩人生的开始！让我们积极参与到读书活动中，共享读书的美好时光吧。同学们，可以找时间读一读这些带有浓厚哈尔滨情结的书！这一定会让我们更好地领略哈尔滨人文历史，引导我们做一名有修养有内涵的哈尔滨人！

参考书目：《呼兰河传》（萧红）、《百年大计》（丛深）、《雪城》（梁晓声）、《夜幕下的哈尔滨》（陈屿）、《摇曳的教堂》（姝娟）、《英雄中国·哈尔滨卷》等。

第四篇 美在精神

当代城市之间的角力，表面上体现的是物质基础和经济发展的较量,实际上表现为人文力量和精神素质的比拼,最终是以精神和文化定成败。一个没有精神的城市是没有生命力和竞争力可言的。城市精神,是城市的主体人群及城市建筑等综合体现出来的精神、气质和面貌。哈尔滨在其百年城市发展历史中形成了独特的城市精神,即“开放包容、时尚活力、诚信敬业、和谐奋进”的哈尔滨精神!哈尔滨精神传承历史、立足现实、展望未来,充分体现了时代性、传承性和认同性。在哈尔滨城市精神的引导下,哈尔滨的城市发展更有了方向感。哈尔滨人民也正在积极践行城市精神,争做文明市民,弘扬社会公德,为提高哈尔滨城市文明程度,建设美丽哈尔滨提供强有力的道德支撑和思想基础。

精神引领城市发展

哈尔滨精神是我们这座英雄城市历史特质的标志,也是我们哈尔滨人民的宝贵财富。精神是行动最好的引领者,在哈尔滨城市精神的引领下,哈尔滨正不断加快经济社会发展的步伐,经济社会的全面发展又促进了良好社会风貌的形成和发展。和谐、诚信、责任、宽容、奋进成为时代的主流,市民综合素质不断提高，共同塑造了“大气、神气、洋气”的城市新形象。

现代服务业方兴未艾

随着经济全球化以及全球范围的结构调整和产业升级不断深化，世界经济已从以制造业为主导的工业经济时代转入以服务业为主导的服务经济时代。从世界发达国家到国内的长三角、珠三角地区，现代服务业发展已如火如荼。现代服务业不断做大规模、做优结构、做足特色、做强地位，成为经济发展和社会进步的重要支撑。哈尔滨市也在不断加快发展现代服务业，提升传统服务业的层次和水平，谋求服务业发展新突破。

商贸快速发展 哈尔滨人杰地灵，毗邻俄罗斯，交通网络纵横，商业发展依托得天独厚的地理条件和人文环境，迅速崛起。为了更好地适应哈尔滨市经济社会发展，使商品市场体系（商业网点）的建设发展与城市总体布局相匹配，尽快解决哈尔滨市商品市场建设中的问题，引导企业合理选址、适度集聚、公平竞争，哈尔滨市努力做到依托优势产业，加快建设特色市场；坚持实施品牌战略，发展外向型经济；积极把握地缘特征，构建国际名城。

哈尔滨市正在逐渐实现商品市场服务和谐社会、引导产业方向、推动工业振兴、促进市场繁荣的发展目标。

哈尔滨市商品市场立足哈尔滨、服务黑龙江、辐射蒙吉辽，面向东北亚，犹如一江春水，澎湃激越，已经形成了自己的特色。近年来，哈尔滨市着力打造了众多商业中心，包括以中央大街为主线，

以索菲亚广场为支点的旅游休闲型主题商业中心；以果戈里大街为主线，以远大、松雷、新世界百货为代表的秋林地区品牌消费型主题商业中心；以靖宇大街为主线，以老店铺、名小吃、茶楼等为主要内容的传统服务型主题商业中心；以哈尔滨国际会展中心体育馆为中心，集合周边展览、体育、文化、餐饮、娱乐、购物、旅游商务等多种功能为一体的会展商圈；涵盖了建设中的西客站和长途客运站、地铁1号线、哈西服装城、黑大、哈理工大学、211医院等在内的资源丰富、迅速崛起的时尚消费后起之秀——哈西商圈；此外还有道里区爱建商圈、香坊区乐松街商圈、万达商圈等等。近期还将在松北区江湾地区建设绿色食品一条街，远期还将建设万国风情街。这些商圈的涌现带动了周边经济的发展，满足了群众不同层次的消费需求。

尤其值得一提的是群力商圈，其“宜居生态园林新城、滨江人文活力都市”的特点让人眼前一亮。群力商圈结合省文化产业园等项目建设，加快发展文化、金融和总部经济等现代服务业。群力远大商业综合体、金中环商业街、中国木雕艺术馆、于志学美术馆、观复博物馆哈尔滨馆、华谊兄弟影城、市民培训中心项目的开业运营，为哈市的旅游文化增添了新的亮点，打造出冰城特色游，提升了哈尔滨城市形象。

除了这些大型商圈，如果细心寻找，你还会找到经过整合的一些专业街区，它们以突出的商品特色，优势群集，共谋发展。这样的街道有：地段街乐器一条街、买卖街化妆品一条街、景阳街文教用品一条街、南极街茶叶一条街、庆中街宠物、渔具一条街、东直路婚纱礼服一条街、上夹树街医药批发一条街、河沟街鲜花一条街、大成街体育用品一条街、宣德街汽车装饰用品一条街、嵩山路特色餐饮一条街等。

同学们，在节假日，你一定和家人朋友去国贸地下商业城等地下商业街逛过吧？其实，除了国贸地下商业城，你还可以选择去兆麟街、西大直街、安乐街等多个地下商业街逛逛，那里已经形成了多主体投资、多元化经营、“平战结合”的特色寒地商业圈。另外，以地铁站点为中心的商业布局也正在规划筹建中，比如在地铁1号线黑大站点附近，就规划建设一处集超市、影院、酒吧、美食中心等于一体，面积约20万平方米的购物中心，以满足群众的消费需求。

哈西群力联络空间区域是连接哈西和群力两个城市新区的重要通道，现在哈西和群力两大新区之间的老城区正在规划进行大面积的区域改造，改造后的此区域将会建设成为城市综合发展示范区。道里区城乡路、迎宾路等区域现有的36家4S店整体搬迁到三环路与迎宾路交口的新现代化汽车营销聚集区，与哈尔滨汽车博览中心隔路相望，可以共享汽车销售资源，从而有效促进汽车营销产业业态整合、产业集聚和健康发展。届时将形成我市规模最大的汽车营销产业聚集区，市民在此会享受看车、买车、检车、修车的一站式服务。

蜚声海内外的哈洽会　中国哈尔滨国际经济贸易洽谈会（以下简称哈洽会）是经中国政府批准举办的国家级、国际性大型经贸展览会，由中华人民共和国商务部、国家发展和改革委员会、中国国际贸易促进委员会、黑龙江省人民政府、浙江省人民政府和哈尔滨市人民政府共同主办，协办单位有俄罗斯联邦经济发展部、俄罗斯联邦地区发展部、日本国际贸易促进协会等10多个国外的政府部门与贸易促进机构。

同学们，你们知道吗？哈洽会自1990年创办以来，已经成功连续举办24届了！哈洽会已成为连接东北亚经济贸易的纽带，是开拓俄罗斯、独联体以及世界各国市场的重要渠道，是享誉海内外的国际经贸盛会。每年都会有80多个国家和地区的近180万中外客商云集冰城夏都——哈尔滨，带来四面八方、各具特色的产品或技术参会参展，哈洽会的总成交额逾千亿美元。

现在，哈洽会在俄罗斯、独联体及东欧、东北亚国家和地区都具有较大的影响力和知名度，是惟一被写入中俄两国元首会晤联合公告的展会，秉承了“突出俄罗斯、面向东北亚、辐射全世界、服务全中国”的办会宗旨。每届哈洽会都以一流的展览环境、完善的服务功能、深厚的客户资源，为参会参展企业创造更多的贸易与投资机会，搭建经贸科技交流与合作的平台。

办人民满意的教育　实现中国梦，教育改革必须先行，一个民族的崛起更要靠教育。近年来，哈尔滨市的教育事业发展突飞猛进，各级各类教育快速发展，学前教育不断壮大，义务教育成效显著，地方高等教育加速发展，特殊教育均衡发展，职业教育特色纷呈，继续教育和成人教育蓬勃发展。

医疗卫生事业稳步发展　近5年来，哈尔滨市的卫生事业有了较快的发展，取得了巨大的成就，为社会经济的发展做出了重大贡献。卫生服务新体系初步形成，已建立社区卫生服务中心62个，社区卫生服务站118个，全市社区卫生服务网络基本形成。对原市中医院、原市肛肠医院、道外区人民医院、道外区中西医结合医院等一批医疗单位进行了资源重组。积极发展民营医疗机构，为医疗市场注入了新的活力。

公共卫生体系建设取得突破性进展。城镇医疗单位运行机制改革不断深化。惠民医疗活动不断推出，其中，在加强社区医疗卫生服务机构内涵建设方面，大力推进社区卫生服务机构的标准化建设。同时，加快县(市)政府所在地社区卫生服务机构建设；加强大医院支援社区工作，实施双向转诊；农村卫生工作逐步加强。农村卫生管理体制改革逐步深化，投入大量资金改造、新建乡镇卫生院，增添常规设备，持续开展卫生支农工作。

我市还不断强化科教兴医战略，重点培养掌握本学科领先技术的优秀的中青年学科带头人，白血病的治疗、造血干细胞移植的基础研究及临床应用、低体重小儿先心病手术治疗、骨科、烧伤科等一批研究成果已达到国际先进水平和国内领先水平，给市民的疾病治疗提供了优越的医疗条件！

充满发展机遇的金融业沃土 同学们，你们知道我市实施“北跃、南拓、中兴、强县”的发展战略吗？哈尔滨市正在全力打造“工业大城、科技新城、北国水城、文化名城和商贸都城”，而这些新战略的实施，都需要金融业的保障！

良好的金融生态环境，是激发创业和投资热情、促进经济持续健康发展的重要保证。为此，哈尔滨市加强扶持、完善服务、切实创造更加优良的金融生态环境，努力提供更加宽松的政策环境、更加诚信的社会环境、更加优良的服务环境和更加有力的人才保障，为金融业良性运营、更好更快发展创造基础条件、提供有力保障。从美国摩根大通银行、东亚银行（中国）有限公司、韩亚银行（中国）有限公司、韩国国民银行、奥地利奥和国际银行等外资银行到招商银行、广发银行等国内知名股份制银行，从“工农中建”等实力雄厚的大型全国性商业银行到内蒙

古银行、锦州银行等生机勃勃的城市商业银行，你会为哈尔滨金融机构的众多感到惊诧。

我市还借助友谊路、友谊西路资源优势，发挥商圈辐射功能，引进了中国平安金融集团股份公司哈尔滨友谊路营业部、百年金融集团哈尔滨分公司、北京中融基投资有限公司等一批总部项目，重点打造了群力 CBD 金融商务区、5A 级智能化金融写字楼等项目。

土生土长的地方性金融机构，更是得到了飞速发展的契机。哈尔滨银行跨区域经营步伐加快，在全国设立了 12 家分行和 20 家村镇银行，资产总额超千亿元。

举世瞩目的中国云谷　同学们，你在使用手机、邮箱等的过程中使用过云存储的功能吗？你知道吗？现在，云存储以其方便快捷的优点，越来越多地被广泛应用于生活和工作中。如果你想知道那些不用随身携带、只需接入网络即可使用的数据究竟存在哪里，那就请你到哈南国际数据城看看吧！哈南国际数据城也被称作“中国云谷”，作为省、市政府确定的云计算产业发展基地，规划面积 16 平方公里。数据城将通过重点吸引国内外 IT 领军企业、云计算战略投资者及产业链相关企业，提供云存储、云备份、云弹性计算等服务；引进云计算研发中心、测试中心、演示体验中心和客户服务中心项目入驻，抢占云计算技术制高点；同时，引进软

件开发商、运营商、增值服务商和云计算初创企业入园，快速形成聚集效应，推动以云计算为平台的现代IT服务业快速发展。

目前哈南国际数据城已有包括东北三省最大的数据中心——“国裕国际金融数据中心”在内300余家企业入驻，主要业务领域涉及金融、医疗、电信、影视、网络、游戏等行业。今后，哈南国际数据城将通过完整云计算产业链的构筑，打造国家灾备数据中心、物联网数据中心、新媒体数据中心、电子商务数据中心和地理信息数据中心。

强劲发展的旅游业 旅游业是拉动服务业加快发展、增加财政和群众收入的朝阳产业。哈尔滨市依托资源优势，做足“冰、雪、山、水”旅游文章，全面提升“冰城夏都”旅游品牌。冰雪游重点项目冰雪大世界等不断提档升级，湿地游项目日趋丰富，赛艇、帆船等高层次旅游项目和松江避暑城建设不断加快发展。现有国家级森林公园以及文化、红色、农业、工业、乡村旅游资源得到深度挖掘。针对旅游市场需求，我市正加快构建完整的旅游服务体系，努力建设集冰雪体验、避暑度假、商务会展、文化旅游、旅游集散功能为一体的国际旅游目的地和区域旅游集散中心，培育“世界冰雪名城、中国避暑名城、中西文化名城、北国山水名城、中国音乐名城”五大城市名片。

体育事业的持续发展　近年来，我市体育事业发展迅速，群众体育事业蓬勃发展，竞技体育水平进一步提高。竞技体育冬季项目保持世界和全国领先水平，在速度滑冰女子短距离、花样滑冰双人滑、男女冰壶、单板滑雪U型池项目上都有着世界金牌水准。公共体育服务体系逐步完善，经常参加体育锻炼人口不断增加。近年来，安装健身器材6 500件，“城区15分钟健身圈惠民项目”，“全民健身百日系列活动”“全民上冰雪活动月系列活动”“百万青少年上冰雪系列活动”成为品牌活动。

关注广大青少年的身体素质，促进青少年健康成长，强化青少年业余

训练管理，加强体育后备人才的培养，为解决我市后备人才匮乏的问题奠定组织基础。2009 年我市成功举办了第 24 届世界大学生冬季运动会。

哈尔滨的现代服务业在城市精神的引领下，正以兼容并发之势、东西交汇之态、敢领时尚之魄、追逐潮头之力，蓬勃发展，彰显着哈尔滨城市的美好！

体验活动

一、参观哈洽会

哈洽会已经成为哈尔滨的一张名片。请同学们在哈洽会期间去现场看看吧，深入了解一下哈洽会带给我们的深远影响。参观之余具体了解一下哈洽会对俄合作水平，哈洽会国际化水平，以及特别突出的项目、领域和文化旅游对经贸合作的促进作用。

别忘了把你的体验跟同学交流一下。

二、深入了解中国云谷、黑龙江动漫(平房)产业基地

很多同学对电脑和动漫很感兴趣，那么请你通过各种途径更深刻地了解一下中国云谷、平房动漫产业城吧！有条件的话可以选择实地参观一下。请深入观察、认真了解一下，我市在发展本土动漫产业、培育民族品牌、聚合资源、创造价值等方面的动态。

三、走访你身边的大学

你知道哈尔滨都有哪些大学吗？这些大学的发展状况如何？都设有哪些专业？有你感兴趣的专业吗？有时间去走访一下吧！体验一下大学文化，并为自己的专业发展作一个合理规划吧！

我的考察结果				
走访学校	考察专业	专业特色	专业发展前景	专业就业形势

我的专业发展规划	
我最感兴趣的专业	
感兴趣的原因	
我的职业理想目标	
我要具备的能力素质	
实现目标的步骤	

老工业基地全面振兴

哈尔滨曾是新中国工业的摇篮，是以国有大中型企业为主体、重工业为重心的重要工业基地，主要产品达 3 000 多个品种，覆盖全国，远销 100 多个国家和地区。其中，电站设备、工具量具、飞机和发动机、亚麻纺织、铝镁加工、精密仪表、轴承、电缆、继电保护装置等产品，处于国内领先地位，为国家的改革开放和现代化建设作出了历史性的重大贡献。

1990年以来，由于体制性和结构性矛盾日趋显现，企业设备和技术老化，竞争力下降，就业矛盾突出，资源性城市主导产业衰退，与沿海发达地区的差距不断扩大。随着老工业基地振兴战略的实施，哈尔滨加快了发展步伐。近年来，大力发展装备制造、环保、焊接、新材料、生物工程等优势产业，积极调整改造机械、纺织、冶金、建材、石化、轻工等传统产业，坚持信息化带动工业化，医药、汽车、食品、电子信息等高新技术产业快速发展，构筑起工业经济新格局。

一条路上的传奇 哈尔滨有一条"三大动力"路，在这条长街上，曾经有着哈尔滨电机厂、哈尔滨汽轮机厂和哈尔滨锅炉厂三个国家大型装备工业企业，人称"三大动力"。如今，"三大动力"已经合并组建成哈尔滨电站集团。有人说："如果你要看中国大型发电设备制造的大基地，那么你就来哈尔滨'三大动力'走走就足够了！"

哈尔滨电机厂有限责任公司是我国生产大中型发电设备、大中型交直流电机及配套控制设备的重点骨干企业。哈电的产品遍布全国各地，

生产的水轮发电机约占国产水电机组总装机容量的1/2，汽轮发电机约占国产汽轮发电机总装机容量的1/3，葛洲坝、三峡、宝钢等许多国家重点工程项目中我们都能看到它的身影。现在，哈电正以"用文化凝聚力量，让产品光耀世界"的文化理念，

熏陶、引领、凝聚、焕发广大员工的积极性、创造性，制造生产更多更好的高质量产品，为国家经济、为世界经济注入动力，让世界认识哈电，让哈电走向世界。

哈尔滨锅炉厂有限责任公司是当今世界上研发、制造、服务最具规模的电站锅炉设备供应商，是以电站锅炉产品为主，以锅炉和汽轮机辅机、石化容器、核能设备及环保设备等产品为辅的特大综合型装备制造企业。承载着民族工业希望，胸怀“为世界提供动力，为人类带来光明”的梦想，拥有近60年的发展历程，哈锅在中国乃至世界都留下了辉煌的印记。多年来，哈锅设计制造的锅炉、压力容器均在1 000台以上，装备了全国360多个电厂，并有部分产品出口到印度、俄罗斯、越南、巴西、土耳其、苏丹等20多个国家和地区，产品产量居全国首位。面对未来，哈锅将继续积极承担起振兴民族电力装备制造业的重任，以国际化的视野，为人类创造光明和绿色、节能产品。

哈尔滨汽轮机厂有限责任公司是以设计制造大型火电汽轮机、核电汽轮机、工业汽轮机、船用主动力成套装置和燃气轮机为主的国有大型发电设备制造骨干企业。半个多世纪以来，公司秉承“承载民族希望，彰显中国动力风采”的历史使命，在共和国机电工业发展史上留下了坚实的足迹。现已经形成了以300MW、600MW机组为代表包括核电、

大型空冷、超临界、超超临界、重型燃气轮机等优势项目的多个产品系列，机组遍布祖国大江南北、长城内外，并有部分机组出口。公司志存高远，瞄准“中国最好，世界一流”目标，坚持以市场为导向，以品牌建设为重点，以一流的技术、一流的质量、一流的服务为用户提供一流的产品为己任，全面向“打造世界装备制造业的动力航母”的宏大愿景挺进。

因“三大动力”而驰名中外的三大动力路，与“三大动力”共存共长的三大动力路，正在哈尔滨人的期待中，在老工业基地的振兴中，在哈尔滨经济的腾飞中涅槃重生。

哈飞集团的荣耀 哈飞机工业集团有限责任公司，创建于1952年，是国家“一五”期间156项重点工程之一。集团始终贯彻“一机多型、系列发展、军民融合、寓军于民”的发展思路。哈飞建立了博士后科研工作站，先后与中国科学院工程物理研究所、北京航空航天大学、哈尔滨工业大学、哈尔滨工程大学、西安交通大学等院校组成联合体，借助研究所和高校的科研力量，加速技术创新和新产品的开发步伐。哈飞逐渐形成了多品种、多型号的航空产品系列，主要产品有Z9系列武装直升机、H410、H425系列民用直升机、HCl20(EC120)直升机、Z15直升机、Y12系列轻型多用途飞机、动力三角翼飞行器等、航空复合材料零部件和转包国外航空产品大部件等系列产品，形成了“生

产一代、研制一代、预研一代、探索一代”的产品研发格局。

历经 60 多年的创新发展，哈飞集团走出了一条从修理、仿制到自主开发、国际合作的发展之路，成为我国直升机、轻型多用途飞机、新支线客机的研发、制造基地，拥有航空复合材料专业化制造中心，为我国国防建设和经济建设做出了重要贡献。

当我们看到一架又一架飞机跃起，搏击苍穹的时候，旋转的不仅是中国空中的力量，而且带动了一代代飞行人的梦想与希望，也承载着民族的未来与辉煌，这是一种永不服输、永不低头的崛起力量，更是我们哈尔滨人的骄傲！

哈飞集团在不断创新中一直秉承着“人无我有，人有我优，人优我转”的理念。下属的哈飞汽车公司自 1980 年引进日本汽车制造技术至今，研制生产了松花江牌微型系列车，从 1982 年第一台微型载货汽车下线，经过 30 年的发展和积累，已经形成了轿车、微型客车、厢式货车、单排座及双排座微型货车共计 6 大系列 130 多个品种。哈飞、松花江品牌均为中国驰名商标，入选《中国 500 最具价值品牌》排行榜。

“长风破浪会有时，直挂云帆济沧海。”哈飞集团以“航空报国、强军富民”为己任，践行“敬业诚信、创新超越”理念，不

断超越自我、超越梦想，超越未来！

东北轻合金有限责任公司——祖国的银色支柱 2013年6月11日17时38分，“神舟十号”载人飞船在酒泉卫星发射中心成功发射。“神十”飞天，成为举国上下努力实现“中国梦”的璀璨缩影。“神十”的发射成功，让东轻员工再一次感受到无比的喜悦和自豪，因为飞船和运载火箭上大部分铝合金材料都来自于东轻。从“神一”到“神十”，东轻公司一直承担着为运载火箭和航天飞船提供铝合金材料的研制任务，为“神舟”系列飞船提供了大量的高强、高韧、耐腐蚀以及超塑性铝合金材料。

国产第一架飞机，第一座原子能反应堆，第一枚导弹，第一颗人造卫星、原子弹、氢弹，第一艘远洋巨轮、核潜艇以及运载火箭上所使用的全部轻金属材料等都是由东轻公司提供的。到目前为止，公司始终承担着60%以上的国家重点国防军工铝镁材料研制任务。1995年被国务院发展研究中心认定为“中国最大的铝镁合金加工基地”，被誉为“祖国的银色支柱”。

体验活动

合力做个航空模型吧

能亲手做个航空模型，你是不是觉着这很有诱惑力？那就和几个同学一起努力共同打造属于我们自己的航模吧！说做就做吧！当然，首先要获得父母的经济支持哦！不过也不用担心，花不了多少钱的！

首先要告诉同学们，动手前一定要做好准备工作啊，包括航模知识的学习。比如，了解国际航联制定的竞赛规则中的有关规定——“航空模型是一种重于空气的、有尺寸限制的，带有或不带有发动机的、不能载人的航空器，就叫航空模型。其技术要求有：最大飞行重量同燃料在内为5千克，最大升力面积150平方分米，最大的翼载荷100克/平方分米，活塞式发动机最大工作容积10毫升”等等吧。自己去详细了解吧，这样才能玩得明白，玩得有水准。

接下来就付诸实践吧！

1.购买发动机和所需其他材料，包括遥控器、无线电发射接收装置、控制电路设备及飞机的机械部分等。

2.准备工具。

3.了解模型内部结构(别以为有多复杂)。

4.绘制图纸，最好借助于电脑软件。

5.依据图纸，制作和调试模型。

最后，试飞！建议有经验的同学带着大家试飞，别因为同学们兴奋得手抖摔坏了航模，那就得不偿失了，你说是不？

农业产业结构调整

同学们，“民以食为天”，农业是人类社会的衣食之源、生存之本。有一首歌里唱道：“北方北方我的北大荒，北方北方我的北大仓。”我们的家乡哈尔滨位于世界三大黑土带之一的松嫩平原上，山川秀丽、土壤肥

沃，农业基础雄厚，是全国重要的商品粮基地和水稻、大豆、玉米主产区，是绿色无公害生产基地，也是发展食品加工业和农业经济的理想地点。

农业增加值在全国15个副省级城市中居首位，又因为地处世界公认的最佳奶牛养殖带，哈尔滨市还是闻名全国的牧业大区。

“工厂”里的现代化农业征程 粮食种植似乎与工厂不贴边，可你知道吗？我市的百万亩水稻种植却恰恰在“工厂”里开始。照片中呈现的就是由智能集中控制室、智能浸种催芽温室和育苗大棚构成的工厂化的智能化育秧中心。实现了浸芽自动化、一体化和工厂化的智能化培苗，稻种出芽率提高了5%以上，稻苗的等级也提高了。像这样的智能化水稻育秧中心，哈市共有30余个，实现了在全市范围内水稻智能化浸种催芽全覆盖。我市还将进一步开发江、河、地表水资源生产潜力，增加水稻产量，改善稻米品质，不断扩大优质水稻面积。勤劳、智慧、敬业的哈尔滨人牢牢把握时代机遇，大力实施“跳出农业抓农业”的发展战略，现代化农业的梦想正在奋进的哈尔滨人心中腾飞。

菜篮子中的幸福民生 “菜园子”“菜摊子”“菜篮子”是切实关系民

生的重要工程，为了保障供应，传递浓浓的民生情怀，哈尔滨继续打造“一圈两带”菜篮子工程，即郊区蔬菜产业基地圈，哈肇路、哈五路沿线百里蔬菜产业基地示范带。

市政府大胆提出“粮改菜”工程，“十二五”期间，哈尔滨市蔬菜种植面积将发展到200万亩。一招“粮改菜”，鼓了农民口袋，省了市民钱包，暖了百姓的心。预计到2015年，全市有机、绿色蔬菜将占市场的50%。

城市中的农业示范园　哈尔滨农业科学院是一所集“农、科、教”与“产、学、研”于一体的综合性、纯公益性事业单位。院部位于哈尔滨市道里区城乡路288号。多年来，共承担国家、省、部、市级科研项目124项，取得科研成果83项，有45项获奖。其中，“北方现代都市农业示范园建设”项目先后荣获哈尔滨市科技进步一等奖和黑龙江省科学技术一等奖。

松北区的哈尔滨市现代农业示范区，共设有68栋温室大棚、1.46万平方米现代全光温室、4.42万平方米水产养殖车间、国家鲟鱼养殖示范场、畜牧养殖区、综合服务区，是集示范展示、农业科

普、素质教育、农民培训、休闲旅游观光等功能于一体的城市中的高科技、高起点、长链条的“生态绿色花园”。

哈尔滨世界农业博览会　2012 年，哈尔滨成功举办了世界农业博览会(其前身为哈尔滨农业博览交易会)，这是哈尔滨举办的第一个针对农业和食品工业的国际性专业对口展会，将提供一个涵盖新鲜农产品和精制食品、饮料、糖果、特色农产品及与农业有关的设备和机械的展示平台。

哈尔滨世界农业博览会根植于黑土地得天独厚的自然条件，依托于牢固完善的农业发展产业链条，立足于全国及国际农产品营销、农业信息技术交流、农业项目洽谈合作，以“大农业”的姿态服务全行业，成为哈尔滨市政府“十二五”规划中重点发展的项目。热情豪放的哈尔滨敞开最广阔的胸怀，迎接八方来客。展会将利用 3 年时间，发展成为全球最大、最重要的农业经贸、科技交流合作的盛会之一。

产业布局的整合，产业结构的调整，无疑把我市农业以往分散的“五指”收拢起来，攥成拳头，形成合力，通过规模化、标准化向国内外展示哈市现代农业的风采。“一弯春水绿，无数稻粮肥”，和谐奋进的哈尔滨人会给祖国一个最美的微笑！

体验活动

艰苦知人生，实践长才干。让我们一起感受劳动后收获的欢欣！

请你选择一块可以耕种的土地：可以是一个正规的蔬菜种植箱，可

以是小区边缘无人管理的小块土地，也可以是校园里的劳动体验场地……然后你可以向有经验的祖父母请教播种的经验，或从网络、书籍中查找相关知识，还可以请教学校里的生物学科老师或者其他人，在适宜的时节播种，并定时除草、施肥，相信你一定能在秋天收获甜美的果实！

你还可以利用假期到城市周边的各类养殖场调查孵化、饲养、防疫、销售情况，或者走进蔬菜大棚，认识各种蔬菜品种，了解种植方法，亲自动手采摘，甚至亲自做成美味佳肴。

然后请把这些体验活动以调查报告、摄影图片展或是实践活动日记等形式展现出来，在观察、访问、思考中，吸收社会这个大课堂给予我们的丰富营养。

同学们，赶快行动起来吧！

城市空间结构优化升级

“一江居中，两岸繁荣”“北跃、南拓，中兴、强县”。如今，哈尔滨市正以松花江为城市骨架，把新区开发与老城改造作为一个整体来考虑，通过多元立体的跨江通道连接南北，通过滨江景观大道贯通东西，沿江展开城市布局，使新城旧城功能有机融合，带动城市整体升值。哈市同时把城市拓展与产业发展高度融合，打造城市跨越腾飞的强劲动力，推动城区工业向南集中，高新技术产业向北集中，构筑南部生产商品、北部生产知识、中部生产文化的产业格局。

让我们一起快意出行，去看看我们城市的崭新变化吧。

群力生态新区 最多的公园、最大面积的绿地……若问当下冰城哪个区域环境最美，相信很多人都会推崇群力新区。群力新区北衔美丽的松花江，与市行政中心一水相隔，临江滨水；东与城市中心区相邻，处于城市上水、上风向；西邻长岭湖风景旅游区，秉承天籁，自然生态优良。南靠机场高速公路，东接城市快速路二环路，西连环城高速路四环路，规划三环穿行其间，成为城市当之无愧的新地标。

哈西大城气派 一座座高楼拔地而起，一条条宽阔的马路日益延长，一个个火热的工地昼夜施工……仅仅几年时间，哈西地区的建设已成规模，加快着这座城市快速迈向现代大都市的脚步。

当下，哈西正筹建占地万余平方米的哈西新区和谐休闲广场，广场位于和谐大道与中兴大道交汇处，设计上弱化了城市道路与景观绿地的分割，通过理石地面铺装与特色座椅打造出高低错落的折线形甬道，通过“春有花、夏有荫、秋有果、冬有绿”的绿色设计理念，打造出运动空间与绿化空间的完美结合，充分体现人与自然的和谐之美。

哈南工业新城 哈南新城位于哈尔滨南部，南起运粮河规划路、牛家工业园，北至四环路，东起新华工业园东侧规划路，西至哈双南线，总规划面积462平方公里，由哈尔滨经济技术开发区哈平路集中区、平房区、南岗区红旗乡、香坊区朝阳镇和黎明镇、阿城区新华镇和舍利乡、双城市新兴乡和周家镇、五常市牛家镇组成。它是哈尔滨实施“南拓”战略的空间依托，是拉开城市骨架、拓展发展空间、承接产业转移、实现产业振兴的重要载体，是哈尔滨实现跨越晋位的动力引擎，是拉动哈尔滨乃至全省经济发展的新增长极。新城发展定位为工业重镇、创意名都、文化新城、京俄通衢、森林家园和愉悦乐园。

松北北方智谷 水韵新城 松北区是2004年2月经国务院批准设立的黑龙江省唯一的政区型开发区，兼有政府行政和开发区建设管理双重职能，享受国家级开发区管理权限和优惠政策。体制先进、机制灵活、省市支持、政通人和，为松北区发展提供了坚强的体制保证。现在，哈尔

滨市“北跃”战略构想,已不仅仅是一幅美好的蓝图。就在当下,一座高端产业集聚的科技创新城,水绿相映的北国水城正崛起于松花江北岸。松北区正在“以水定城”和“科技兴城”理念引领下,以打造全省科技中心、文化中心、金融中心、行政中心、旅游中心、奥体中心为目标,加快推进基础设施建设、城市景观建设、民生工程建设、城乡一体化建设。把松北区建设成为集科技、文化、生态功能于一体的现代化新城区,不断实现经济社会发展新跨越。

体验活动

“寻找新地标”摄影作品展

节假日,拿起相机和家人朋友一起寻找上文中提到的这些美丽的新地标吧!定格美丽的景色,为每一处美景写一段景观说明,简要地介绍这处景观的形态、风格、设计理念、人文价值等内容,设定一个鲜明的主题,回到学校开一个班级或个人的摄影作品展吧!相信你和你的同学一定能出色地完成这个摄影展,加油吧!

作品展示可以充分利用学校的楼廊,要写一篇简明扼要的序言,阐明办摄影展的初衷、活动价值以及拍摄过程中的收获等。

品格铸就人文风采

作为我国东北北部政治、经济、文化中心,哈尔滨能够由开埠之初的小渔村发展成为我国的副省级城市,有赖于哈尔滨人热情、豪放、探索、创新、担当、奉献、英勇和无畏的人文精神所给予的强大支撑。

走进哈尔滨，街头巷尾熙来攘往。随风攒动的是时尚美女们热情的笑靥，伴雪飞扬的是豪爽男儿的宽厚情怀。热情与浪漫并行、才智与胆略兼具,这是哈尔滨人的性格特点,更是这座北方名城的独特文化。

或许是东北天寒地冻的气候造就了这里人们高大强壮的粗犷形象,锻造了他们豪爽的性格。大碗吃肉、大口喝酒,哈尔滨人的豪爽、奔放犹如冬日暖阳温暖着每一个人。哈尔滨人更有一种刚烈不羁、行侠仗义的精神品质。近年来,哈尔滨更是涌现出了一批批诚实守信、见义勇为、弘扬正气、崇尚奉献的人物,展示出了哈尔滨人的良好形象,更诠释着这座城市和城市人民的精神风貌。

探索　创新　谱写恢宏诗篇

科学技术是第一生产力，科技发展的水平关系着民族未来的兴衰。哈尔滨拥有一大批以哈工大“八百壮士”为代表的科技精英,他们在平凡的事业中缔造了伟大的科技创新精神,为新中国的发展与强大作出了巨大贡献。他们不断求索的科学精神和勇敢顽强的人格魅力深深地吸引、感召着我们每一个哈尔滨人,我们这座城市也因有他们而变得更加熠熠生辉！

马祖光 已故院士马祖光是中科院院士，中国光学界著名专家、国际激光领域知名学者、哈工大航天学院光电子信息科学技术系首席教授。他的研究成果引起国际广泛关注，为国防光电子应用和发展作出了系统的开创性贡献，为祖国赢得了荣誉。他治学严谨，鞠躬尽瘁，培养了大批青年拔尖人才，创办了国家首批激光专业、重点学科和实验室。他用刻苦钻研、勇攀高峰、不断求索、勇于创新的精神和爱国敬业、严于律己、一丝不苟、无私奉献的实际行动践行了自己的光辉誓言！

黄文虎 我国力学家、振动工程专家和教育家。1981年首批被批准为一般力学博士生导师，1995年入选中国工程院院士。长期从事振动、控制及稳定性理论方面的研究工作。他秉承崇尚科学、勇于创新的精神，结合中国大型汽轮发电机组及其他复杂结构，提出新的调频理论与算法，将结构故障的振动诊断技术应用于产品开发，取得显著效果。

他们是与共和国同步成长、走向成熟的哈工大“八百壮士”中的优秀代表。哈工大八百壮士忠诚事业、牢记使命的爱国情怀，追求一流、呕心沥血的拼搏精神，淡泊名利、无私奉献的崇高境界成为哈工大精神，更成为哈尔滨人精神的具体体现！

热情 豪迈 铸就儿女辉煌

坚韧的品格、执着的精神和顽强的作风是我们走向成功旅途的启明星，将它紧握在手，你将从平凡走向卓越！

申雪、赵宏博 中国花样滑冰运动员。从首度牵手到跻身世界花样双人滑顶尖行列，曾经的失败并没有让他们气馁，对梦想渴望与追求的脚步从未停歇。他们在赛场上的完美表现和顽强的拼搏精神让世人折服！18 年的精诚合作最终夺得中国体育史上首个花样滑冰奥运会金牌！申雪、赵宏博，哈尔滨人因你们而骄傲！

彭玉 被誉为“荧屏第一母亲”的她出生在哈尔滨一个铁路工人家庭。彭玉以其亲切和蔼的性格、大方自然的表演方式，塑造了许多栩栩如生的“母亲”形象，给观众留下了深刻的印象。从 17 岁登台到 29 岁参演第一部电影，她一直活跃在话剧舞台和电影屏幕上，用开朗乐观的人生态度向我们传递着对事业的执着和对生活的热情。

黄宏　著名小品演员、解放军八一电影制片厂厂长，2012中华儿女年度人物。才华横溢的他连续24年参加中央电视台春晚，以《超生游击队》《鞋钉》《打气儿》等小品而成为家喻户晓的笑星。曾多次获得“文华奖”“曹禺戏剧文学奖”“解放军文艺奖”。黄宏的幽默、睿智与热情、豪爽成为全国人民百品不厌的精神大餐。

担当　奉献　彰显生命价值

他们用热忱感动你我、用无私润泽心田，他们是全社会最伟大和最可爱的人们公仆。让我们一同走进他们的生活，了解他们的光辉事迹，把这种无私与奉献精神发扬光大！

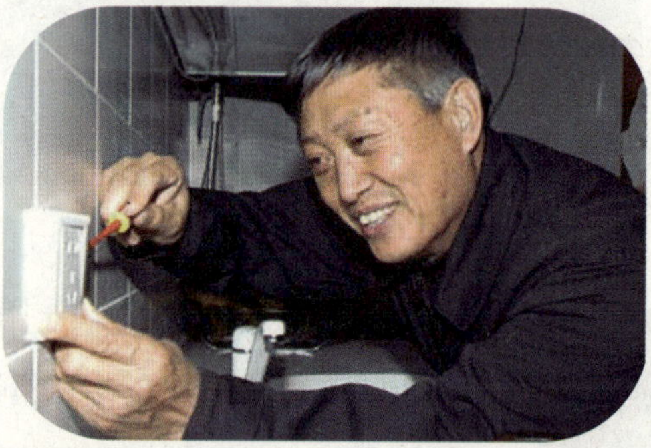

李庆长　“一心为民的好党员”、哈尔滨电业局客户服务中心“李庆长共产党员服务队”队长。几十年来，他始终坚持“人民电业为人民”的宗旨，坚持重活脏活累活抢在前、危险和困难冲在前。98抗洪、03非典，一个又一个关键时刻，我们都能看到舍己为人的他。他在平凡的岗位上，用忠诚与无私构建起一座连在党与人民群众之间的桥梁，用自己的崇高品格诠释了哈尔滨人雷锋精神的真正内涵！

刘效忠　2012年度“中国最美

乡村教师”、哈尔滨市木兰县东兴镇五一小学教师。在这个贫穷的村落里，作为唯一教师的他一干就是31年！31年默默无闻，刘效忠用他对教育事业的热爱、执着与坚守谱写了教育者如山般的师爱篇章！

张宝金　现任尚志市元宝镇元宝村党总支书记，被誉为“暴风骤雨中永不褪色的旗帜”。农民的好书记张宝金自上任以来，敢担当、乐奉献，带领全村人走上兴工富民的小康路。该村先后被中央授予“全国先进基层党组织”等荣誉称号，张宝金用自己的心血和精力带领元宝人圆了富裕梦。

英勇　无畏　奏响时代凯歌

杨宗玉　沉着冷静的高三大男孩，面对熊熊大火毫不犹豫地钻进“火屋”，将随时可能爆炸的煤气罐拽出后又爬到二楼将幼儿和刚满月的婴儿救出。“少年强则国强”，杨宗玉用他的正直无畏树立起哈尔滨青年一代学习的楷模，他用舍己救人的英勇行为向我们展现出“90后”正能量的最强音！

谢尚威　危难时刻徒手接住坠楼少年的“最美叔叔”。在少年失足坠落的瞬间，他毅然伸出双手用善良与英勇托举起人性的真善美。在此之前，谢尚威就曾经多次见义勇为，事后面对大家的采访他淡然地说："救人就是一种本能，当时什么也没想。"瞬间爆发出的人性光辉就是谢尚威高尚情操的必然展现！

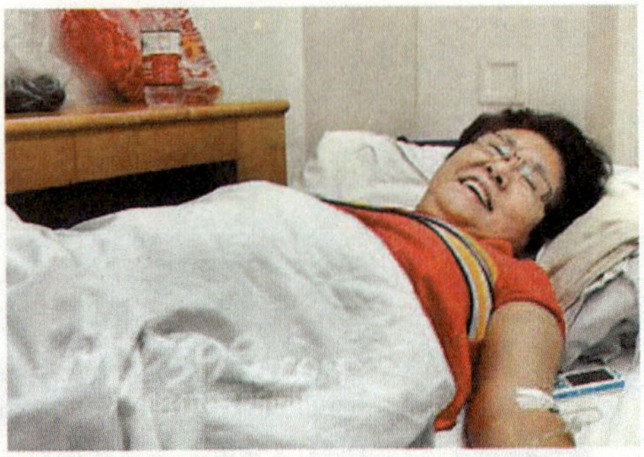

杨惠 哈医大一院退休职工。2012年杨惠在松花江边不畏62岁高龄，勇救两名落水男子，她被社会盛誉为"最美大妈"。她的感人事迹引起了中央和省、市媒体的高度关注，省、市分别授予其"黑龙江省道德模范""哈尔滨市见义勇为先进分子""哈尔滨市文明市民标兵"等荣誉称号。杨惠不怕牺牲、舍己救人的高尚品德值得我们全社会弘扬和传承。"最美大妈"，哈尔滨人向您致敬！

是怎样的精神品质引领着哈尔滨城市的发展，使哈尔滨魅力无限？是哈尔滨人的敢担当、乐奉献的精神品质，更是这座城市诚信敬业、和谐奋进的人文情怀！同学们，让我们一起将这种宝贵的精神品质传承下去，让哈尔滨的人文精神永远熠熠生辉！

积小善、明大义 谱写冰城时代凯歌 侠义豪迈、热情耿直的哈尔滨人，将雷锋精神融入自己的生命中，大到助困救危，小到让座引路，"雷锋"无处不在。从"最美叔叔"谢尚威奋力一接，到"最美大妈"杨惠纵身救危……争做冰城好人，已成为这个城市的一种风尚。在危难面前永远义无反顾，让一代代冰城子弟将学习雷锋变成一种本能、一种习惯。

做文明公民 建和谐社会 "红灯停，绿灯行"，随着生活节奏的加

快，一些文明常识被人淡忘。为了我们的安全与幸福，我们全社会正在共同努力，从今天做起、从自己做起，做一个文明守纪的好公民。让冰城大街小巷的文明有序与我们的松花江美景相映成趣！

乐观向上的生活态度、助人为乐的奉献精神、珍爱生命的高尚情操、舍己救人的大爱情怀，引起了冰城社会各界的广泛关注和强烈的思想共鸣，更形成一种全新的社会风尚。这是哈尔滨城市的精神高标，更是引领城市前行的思想动力与旗帜！

体验活动

一、做“最美志愿者”

亲爱的同学们，我们富饶美丽的家乡，因你我的文明行为而更加和谐，今天，就让我们以“争做最美志愿者”为主题，从身边小事做起，一起践行哈尔滨精神，让城市以我为骄傲！让我们一起加入到志愿者的行列中吧！请你任选下列活动内容，践行志愿者活动，作好活动记录。

1.参加文明社区共建活动。

2.做城市美容师，动手清除小广告。

3.帮助身边需要帮助的孤寡老人或者残疾人。

4.做义务指路员，为来哈尔滨旅游的游客指路。

活动主题		活动时间	
活动地点		参加人员	
活动目的			
活动内容	（可粘贴活动照片）		
活动体会			

二、寻找哈尔滨的形象代言人

榜样的力量是无穷的，哈尔滨在创城活动中，需要邀请一位形象大使为哈尔滨代言。你想该邀请__________作为哈尔滨的城市形象大使，因为他的身上具有______________________________的精神品质，这种精神品质能够代表哈尔滨人的精神面貌，是值得我们学习和传扬的。

三、向榜样致敬

总有一种精神让人不经意间热泪盈眶！总有一位感动哈尔滨的人物

让你为之震撼，让你的思想受到洗礼。请你任选一位感动哈尔滨的人物，仿照感动中国十大人物张丽莉老师的颁奖词，用心来为他（她）写下一段颁奖词，以此来向榜样致敬。

张丽莉：冰雪为容玉作胎　“最美女教师”。【颁奖词】别哭，孩子，那是你们人生最美的一课。你们的老师，她失去了双腿，却给自己插上了翅膀；她大你们不多，却让我们学会了许多。都说人生没有彩排，可即便再面对那一刻，这也是她不变的选择。

人　物：____

颁奖词：____

____

____

____

四、“名人”访谈

请同学们不借助于任何帮助，完全依靠自己的努力，开展一次哈尔滨“名人”访谈活动。拟访问人物可以是哈尔滨的两院院士、道德模范、劳动模范、体育明星等，让我们近距离感受他们的人格魅力和精神力量！

后记 HOU JI

美，是什么？朴素地讲美是通过视听给人以愉悦的东西，美与人的感官欲望结合在一起，又与“善”与“道”等伦理、义理相关。所以，自然中有美，社会生活中有美，人文历史中更有美可供赏鉴。美之一切，令人心醉，令人乐而忘忧，令人心潮澎湃，令人神思飞扬。撷取美好，唤醒心灵，打造灵魂的栖息地，是一件多么美好而又崇高的事情啊！

作为哈尔滨人，能为同学们编写《美在哈尔滨》丛书，真是幸运与福气所在，更觉得是一份使命与责任所在。品读哈尔滨，我们深切地感受到哈尔滨城市之美，我们迫切地想把哈尔滨的美好全方位、多视角地为同学们呈现出来。一页页的文字，一张张的图片，追忆着这座城市的过去，述说着她的当下，也祈盼着她的美好未来。读到她时，你不会觉得这只是图文与我们的会面，这更是心灵与心灵的对话，岁月与人生的牵手。

山水有情，木石留意。同学们，让我们敞开心扉去发现、体验、憧憬哈尔滨的美好吧！审美是动态的，也是实践的。我们只有身随心动，行走在山川河流之间，穿梭于大街小巷之中，才能更真切地感受美好事物给予我们的心灵荡涤。美总是存在于美的事物中，而美的事物之所以成为美的事物就在于它应和着我们的审美活动。同学们，我们要发现美、感受美，更要去创造美、维护美，美的山、美的水、美的人，身心都因美而快乐幸福。

本书就要付梓印刷了，我们越发感觉到，苍茫大地，浩瀚历史，美犹如其间翻腾雀跃、澎湃不息的浪潮，哈尔滨的美好绝不是篇幅有限的几百页纸张所能包罗容纳的，然而，这份缺憾又何尝不是一种美！

本书的编写凝聚了哈尔滨市教育研究院德育教研部全体老师、5位区教师进修学校德育教研员以及16位基层学校老师的智慧和心血，他们分别是南岗区教师进修学校徐慧颖、道外区教师进修学校姜秋月、香坊区教师进修学校王丹和张博、平房区教师进修学校李洪艳，还有哈尔滨市少年宫李杨、第一六三中学王旭辉、第一中学边洪波与曲福利、第三十二中学刘宗国、阳明小学杨晓军、松江学校张晓红、风华小学赵微、经纬小学林杨、第十八中学宋春艳、第三十四中学孙晓玲、第八中学王念宸、第六十九中学高照波、工大附中王珺、萧红中学王宁、星光中学付雨薇，在此我们衷心地向他们表示感谢，并致以崇高的敬意！同时特别感谢各单位对我们工作的支持和尊重！

编委会对本书的编写和出版高度重视，多次对书稿内容进行审阅，并提出了许多宝贵意见。须说到的一点，本书在创作过程中引用一定的网上资料，由于是学生读本，难以一一注明，在此表示歉意并予以衷心感谢。

限于我们的水平，难免有疏漏和不足之处，恳请同学们批评指正。

编者

2013年6月